처음 배우는

플러터

앱 개발

International Financial
Reporting Standards

후지카와 케이(kboy) 지음 | 이영란 옮김

ΛL 생능북스

ZEROKARA MANABU FLUTTER APURI KAIHATSU by Kei Fujikawa
Copyright © 2023 KBOY Inc.
All rights reserved.
Original Japanese edition published by Gijutsu-Hyoron Co., Ltd., Tokyo.

This Korean edition is published by arrangement with Gijutsu-Hyoron Co., Ltd.,
Tokyo in care of Tuttle-Mori Agency, Inc., Tokyo, through Imprima Korea Agency,
Seoul.

처음 배우는
플러터 앱 개발

초판 1쇄 인쇄 2024년 11월 20일
초판 1쇄 발행 2024년 11월 25일

지은이 | 후지카와 케이
옮긴이 | 이영란
펴낸이 | 김승기, 김민수
펴낸곳 | ㈜생능출판사 / **주소** | 경기도 파주시 광인사길 143
브랜드 | 생능북스
출판사 등록일 | 2005년 1월 21일 / **신고번호** | 제406-2005-000002호
대표전화 | (031) 955-0761 / **팩스** | (031) 955-0768
홈페이지 | www.booksr.co.kr

책임편집 | 최동진
편집 | 신성민, 이종무
교정·교열 | 최동진
디자인 | 유준범(표지), 최우정(본문)
영업 | 최복락, 심수경, 차종필, 송성환, 최태웅, 김민정
마케팅 | 백수정, 명하나

ISBN 979-11-92932-84-2 (93000)
값 20,000원

들어가며

필자인 후지카와 케이(닉네임은 kboy)는 2020년 4월부터 'Flutter 대학'이라는 유튜브 채널[*1] 및 온라인 커뮤니티[*2]를 비롯하여 지금까지 인터넷을 중심으로 Flutter를 사용한 앱 개발 정보를 발신해 왔다. 유튜브 채널은 구독자가 1.38만 명을 넘었고(2024년 10월 현재) 많은 일본인을 Flutter 앱 개발에 입문시켰다고 자부하고 있다.

그러나 한편으로 유튜브만으로는 손이 닿지 않는 층이 있다는 한계를 느꼈다. 아무리 유튜브 구독자가 늘어도 보통은 먼저 책을 사서 공부를 시작하는 사람이 많다는 것을 깨달았기 때문이다.

이 책은 서적만이 갖고 있는 장점인 한 권으로 정리된 정보와 간단히 복습할 수 있다는 점, 손에 들고 볼 수 있는 실체가 있다는 점을 잘 살린 책이다.

이 책과 더불어 앱 개발 및 프로그래밍 공부에 'Flutter 대학'에 있는 동영상도 꼭 활용하기 바란다. 왜냐하면 IT 분야는 트렌드가 빨리 변하고 실제로 움직이는 동영상을 보면서 그대로 따라 하는 것이 더 쉽기 때문이다. 이 책이 유튜브와 같은 인터넷을 이용한 학습을 연결하는 다리 역할을 하면서 최종적으로는 동영상을 사용한 학습으로 전환하는 계기가 되기를 바란다. 유튜브 채널 'Flutter 대학'에서 여러분을 기다리고 있겠다.

이 책의 대상 독자

프로그래밍 완전 초보자를 비롯한 스마트폰 앱을 만들고 싶은 사람 모두

이 책의 학습 방법

제1장에서는 앱 개발이나 Flutter에 관해 설명을 한다. 이 장은 컴퓨터가 없어도 읽을 수 있지만, 제2장 중간부터는 컴퓨터가 있다는 것을 전제로 환경을 구축하므로 현재 컴퓨터를 갖고 있지 않은 사람은 2.1 '필요한 컴퓨터'를 읽고 컴퓨터를 구입한 후 그 이후 장을 읽어가기 바란다. 제3장부터는 기본적으로 앞에서부터 순서대로 읽어 간다고 생각하고 집필했다.

일반적으로 Flutter로 화면을 만드는 제3장과 Dart 프로그램의 기초를 설명하는 제4장은 순서가 반대로 되어 있는 입문서가 많다. 그러나 이 책에서는 일부러 앱을 먼저 만들어 본 후에 프로그래밍의 기초를 배우도록 구성했다. 왜냐하면 그러는 편이 프로그래밍의 기초의 필요성을 더잘 깨달을 수 있기 때문이다. '필요할 때 필요한 것을 배워 가자'는 것이 이 책의 콘셉트이다.

먼저 이 책으로 Flutter로 앱 개발의 첫걸음을 내딛어 보기 바란다.

---

*1 https://www.youtube.com/@flutteruniv

*2 https://flutteruniv.com/

역자의 글

오늘날 사람들은 스마트폰을 사용해서 메일을 보내고 뉴스를 보고 날씨를 확인하고 책을 읽고 게임을 한다. 스마트폰에서 일어나는 이런 일들은 대부분 앱을 설치하여 이용할 수 있다. 애플의 앱 스토어나 구글의 플레이 스토어에는 이러한 수많은 앱이 있다. 이 앱 중에 내가 만든 앱이 들어간다면 정말 기분이 좋을 것이다.

이 책은 스마트폰에 인스톨하여 사용하는 앱을 만드는 방법을 설명하는 책이다. 스마트폰 앱을 만들 때 사용하는 도구는 많이 있지만 이 책에서 소개하는 Flutter를 사용하면 스마트폰 앱을 보다 빠르고 쉽게 만들 수 있다. 이 책은 Flutter로 스마트폰 앱을 만들 때 가장 먼저 필요한 환경 구축과 앱 화면 작성 방법, Dart 프로그래밍의 기본과 함께 마지막으로 실제로 앱을 하나 완성하는 구성으로 되어 있다. 책의 내용을 보고 직접 따라하도록 되어 있기 때문에 초보자라도 뭔가를 만들고 있다는 것을 체감할 수 있다. 물론 본격적인 앱을 만들려고 한다면 이 책의 내용과 더불어 더 많은 부분을 학습해야 하지만 이 책을 통해 스마트폰 앱을 하나 간단히 완성시켜 보면 분명 다음 단계로 넘어가고 싶은 의욕이 생길 것이다.

이 책이 Flutter로 스마트폰 앱 개발의 즐거움을 느낄 수 있는 계기가 되기를 바란다.

이영란

CONTENTS

제 3 장 Flutter로 화면을 만들어 보자 67

제 4 장 Dart를 통해 프로그래밍의 기초를 배워 보자 **155**

제 **1** 장

앱을 개발해 보고 싶은
모든 사람에게

많은 사람들이 앱 개발은 어렵다는 이미지를 갖고 있지만 사실은 의외로 간단하다. 여기서는 먼저 앱 개발의 이미지를 잡아 '나도 할 수 있겠다!'라는 생각을 가져 보자.

1.1 앱 개발이란?

그림 1.1 지금은 거의 모든 사람이 스마트폰을 갖고 생활한다.

앱 개발이란 스마트폰이나 태블릿, 컴퓨터와 같은 장치에서 작동하는 소프트웨어를 개발하는 것을 말한다.

기본적으로 '앱'이라고 하면 iPhone이나 Android 앱을 가리키는 경우가 많지만, 실제로는 웹에서 움직이는 X(구 Twitter) 등도 '앱'이라고 부른다. 이는 iPhone이나 Android 앱과 구분하여 웹 애플리케이션이라고 하는 경우도 있다. 한편 iPhone이나 Android 앱은 **'네이티브 앱'**이라고 부른다. 그래서 iPhone이나 Android 앱 엔지니어를 '네이티브 앱 엔지니어'라고 부르는 경우도 많다.

필자의 스마트폰 앱 엔지니어 경력은 2015년에 와세다대학 창조이공학부를 졸업한 후 Goo-Net을 운영하는 PROTO CORPORATION 주식회사에 입사하여 오토바이 부품으로 특화된 중고 시장 앱 개발에 종사한 것으로 시작한다. 그 후 뉴스 앱을 개발하는 주식회사 JX 통신사, AR 앱을 개발하는 Graffity 주식회사를 전전하다가 프리랜서 네이티브 엔지니어 시절을 거쳐, 현재는 Flutter 대학을 운영하는 주식회사 KBOY를 경영하면서 직접 앱 개발을 하고 있다.

그냥 '앱'이라고 하면 게임을 상상하는 사람이 있는가 하면 뉴스 앱이나 SNS와 같은 툴 계열 앱을 상상하는 사람도 있는 등 앱에 대한 이미지는 사람마다 다를 것이다.

실제로 앱 개발은 크게 **게임 계열**과 **툴 계열**이라는 두 개의 카테고리로 나눈다. 이 둘은 사용하는 기술도 조금 다르며 설령 기술은 똑같더라도 앱을 기획하고 설계하는 방법이 크게 다르다. 필자는 이 둘 중 툴 계열 앱을 메인으로 개발해 왔다. 세 번째 회사인 Graffity에서는 AR 시뮬레이션 배틀 게임인 'pechabato'를 만들었는데 이 앱은 게임 화면 자체가 전체 앱의 30% 정도를 차지했다. 그래서 마이페이지나 랭킹 화면, 사용자 작성과 관련된 화면은 이 툴 계열 앱에서 쌓은 경험으로 만들고 있다.

게임 플레이 화면은 게임 엔지니어로서의 감각이 중요하지만 사용자 작성, 마이페이지, 랭킹 등과 같은 기능은 뉴스 앱이나 SNS 등과 같은 툴 계열 앱 개발과 비슷한 장르라고 생각한다[1].

1.2 직업으로 하는 앱 개발

2007년에 초기 iPhone이 발매되고 2008년에 App Store와 Android Market(현재 Google Play 스토어)이 만들어진 후 **스마트폰 앱 엔지니어**라는 직업이 생겨났다. 본래는 개인 앱 개발자가 각각의 마켓에 자신이 만든 앱을 유료로 배포함으로써 수익을 얻는 스타일이 주류였다. 그 후 앱에 광고를 싣거나 앱 내 과금, 서브스크립션 등과 같은 기능이 등장하여 앱 개발에 보다 수익을 낼 수 있는 방법이 다양화되었다. 또 스마트폰의 폭발적인 보급으로 기업도 비즈니스 기회로서 앱 개발에 눈을 돌려 기업이 앱 엔지니어를 고용하고 기업에서 앱을 출시함으로써 앱 하나로 수천 명의 사원을 고용하는 대규모 기업도 나타났다.

그림 1.2 직업으로 앱 개발을 한다.

2024년 현재는 스마트폰 앱 엔지니어는 완전히 하나의 직업으로 자리를 확립하여 일본의 경우 연 수입이 1,000만 엔 이상이 되는 사람도 적지 않다. 또 많은 기업에 대해 프리랜서로 앱 개발 기술을 제공하는 사람도 있다.

직업적으로 앱 개발을 할 때의 매력은 다음 세 가지라 할 수 있다.

- **자신이 만든 앱을 다른 많은 사람이 사용할 가능성을 품고 있다.**
- **컴퓨터만 있으면 어디에서든 일할 수 있다.**
- **고소득 직업이다.**

---

[1] 물론 게임 엔지니어도 이런 화면을 만들지만, 설계 방법이나 개발 중에 사용하는 두뇌로서는 다르다는 말이다.

그림 1.3　앱 개발의 매력

다른 많은 사람이 사용한다.　　　　어디에서든 일할 수 있다.　　　　고소득

1.2.1 자신이 만든 앱을 다른 많은 사람이 사용할 가능성을 품고 있다

다른 IT 엔지니어, 예를 들면 서버 사이드 엔지니어와는 달리 앱은 일반인들이 직접 사용할 수 있다. 지하철이나 버스 안에서 옆에 있는 사람이 내가 만든 앱을 사용하고 있다면 얼마나 기분 좋을까?

필자도 뉴스 앱 회사에서 앱을 만들고 있었을 때 사용자 수가 수십만 명 규모였기 때문에 전철 안에서 필자가 만든 앱을 사용하고 있는 광경을 보고 감동을 받았던 일을 기억한다.

1.2.2 컴퓨터만 있으면 어디에서든 일할 수 있다

어디에서든 일할 수 있다고 하면 프리랜서라는 이미지가 있겠지만, 비교적 새로운 직업인 앱 개발 엔지니어의 경우 기업에 소속되어 일을 해도 재택근무를 하는 경우가 많아 일시적으로 해외에서 일하거나 고향에 돌아간 김에 한 달 정도 재택근무를 하는 등 장소에 구애받지 않고 일을 하는 사람이 많다. 보안상의 문제로 사용할 수 있는 컴퓨터나 와이파이가 고정되어 있는 경우는 있지만 GitHub와 같은 코드 관리 서비스나 MacBook 등은 본래 보안에 뛰어나다는 장점이 있어 IT 엔지니어의 보안 의식만 높다면 정보 유출 위험도 최소한으로 줄일 수 있다.

필자도 보통은 도쿄에 있지만 여름은 덥기 때문에 삿포로에 체재하는 등 유연하게 일을 하고 있다.

1.2.3 고소득 직업이다

사실 앱 개발 엔지니어는 IT 엔지니어 중에서도 고소득 부류에 속한다. 그 이유로는 아직 역사가 짧아 엔지니어가 적다는 점을 들 수 있다.

예를 들면 IT 엔지니어라는 직업 자체는 1980년대부터 존재했지만 스마트폰 앱이 탄생한 것은 2008년이므로 그 이후에 배운 사람이라야 스마트폰 엔지니어가 될 수 있다. 기술을 한 번 익히면 다른 기술을 새로 배우지 않는 사람도 많은 덕분에 새로 스마트폰 앱 개발을 시작하는 젊은 엔지니어에게 기회가 많은 것도 사실이다.

필자도 직장 4년차였던 27살에 프리랜서 엔지니어 시급이 8,000엔이 되었을 때는 조금 놀랐다. 물론 실력을 인정받았고 신뢰관계가 있었기 때문에 시급이 이렇게 높았던 이유도 있지만 직장 4년차까지 착실히 노력하면 연 수입 1,000만 엔 이상도 노려볼 수 있는 꿈과 같은 직업이라고 생각한다.

참고로 필자보다 훨씬 젊은데 비슷하게 버는 사람도 있다. 그 사람은 전문학교를 20살에 졸업하고 4년 후인 24살에는 기업에서 연 수입 800만 엔을 받았다고 한다. 정말 굉장한 일이다.

이처럼 직업으로 앱을 개발하는 일은 상당히 매력적인 일이라는 것을 알 수 있다.

1.3 취미로 하는 앱 개발

오로지 돈을 버는 것만이 앱 개발의 매력은 아니다. 좀 전에 말했듯이 자신이 만든 앱을 다른 누군가가 사용한다는 것은 돈으로 바꿀 수 없는 감동을 준다. 또 다른 사람이 사용하지 않아도 자신이 원하는 앱을 자신을 위해 만들어 자신에게 최적화된 편리한 스마트폰 라이프를 즐길 수도 있다.

취미로 앱 개발을 할 때의 즐거움은 '앱 만들기'가 컴퓨터 하나로 빨리 끝난다는 점에 있다.

필자도 어렸을 때부터 뭔가를 만드는 것을 좋아해

그림 1.4 앱을 취미로 개발한다.

서 레고 블록 등에 빠졌던 적이 있다. 대학 전공도 기계공학과여서 졸업 작품으로는 스트레칭 머신을 개발했었다. 이런 필자가 느끼는 '앱 개발'이 다른 만들기와 다른 점은 **빨리 만들 수 있는 반면 아웃풋이 크다**는 점이다.

빨리는 한 달 정도 열심히 하면 앱이 완성된다. 실력이 올라가면 3개월에 만들 수 없는 앱은 거의 없다. 물론 '대규모 앱은 3개월로는 무리야 ㅋㅋ'라고 딴지를 걸 수도 있겠지만 사실은 개발 툴의 효율화가 진행되어 3개월에 만들 수 없는 앱은 개발 기법이나 팀 최적화에 문제가 있다고 해도 과언이 아니다. 이렇게 말할 정도로 앱을 빨리 만들어 세상에 내놓고 많은 사람들에게 제공할 수 있다는 것은 꽤 즐거운 일일 것이다.

1.4 앱 개발의 흐름

앱 개발은 크게 다음 4단계의 과정으로 진행한다.

1. 요건 정의: 앱에 어떤 기능을 넣을지를 정한다
2. 개발: 프로그래밍 언어를 사용하여 앱이 작동하기 위한 코드를 작성한다
3. 테스트: 앱이 올바르게 작동하는지를 확인한다
4. 배포: App Store나 Google Play 스토어에 앱을 공개한다

그림 1.5 앱 개발의 이미지

베이스 UI를 작성
- 먼저 베이스가 되는 UI를 만들어 완성된 이미지를 잡고 나서 세부적인 부분을 채워 간다.
- 이 부분은 솔직히 간단하다.

로직 작성
- 앱의 핵심 기능을 만들어 간다.
- 여기가 가장 어렵고 중요한 부분이다.

동작 확인과 오류 처리
- 사용 가능한 앱을 만들기 위해 동작 확인을 하여 버그를 수정해 간다.
- 개발 기간에 빼버리기 십상이지만 이 기간이 없으면 앱을 세세하게 다듬을 수 없으므로 충분한 시간을 확보하자.

GitHub에 업로드
- 개발한 코드가 사라져서 다시 만들게 되면 상당히 곤란하다.
- 여기에 확실히 저장해 두자. 향후 업데이트 작업에도 도움이 된다.

배포 작업
- iOS와 Android 각각에 배포 작업을 한다.
- 의외로 할 일이 많으므로 분발하자.

지속적인 개발

앱 개발 기법은 컴퓨터나 스마트폰이 등장하기 전의 건축이나 자동차와 같은 기계 개발의 기법을 답습하고 있다. 하지만 테크놀로지의 발전으로 지금은 앱을 혼자서 만들 수 있으므로 솔직히 말해서 이 순서대로 진행하면 오히려 효율이 떨어지는 경우도 있다. 개인 개발에서는 '1. 요건 정의'를 거치지 않고 바로 개발부터 시작해서 '그때그때 어떤 앱으로 하고 싶은지 요건을 정의하고 완성되면 배포한다'는 순서로 진행하는 경우도 많다. 심지어는 요건 정의라는 흐름은 전혀 거치지 않고 머릿속에 떠오른 것을 그대로 코드로 작성해 가는 것도 가능하다.

여기까지의 내용을 정리하면 개인 앱을 개발할 때는 다음 2단계로 진행한다고 해도 괜찮다.

1. 넓은 의미의 개발(요건 정의와 개발과 테스트를 동시에 진행)
2. 배포

1.5 앱 개발에서 사용하는 기술

그림 1.6 네이티브 vs 크로스 플랫폼

네이티브 개발 언어

Android

| Java | Kotlin |

iOS

| Objective-C | Swift |

크로스 플랫폼

| Flutter | Xamarin |

| React Native |

앱 개발에는 다양한 기술이 사용된다. 우선 기본적으로는 **네이티브 개발 언어**(Android는 Java, Kotlin, iOS는 Objective-C나 Swift)를 사용한다. 이들은 AndroidOS와 iOS가 각각 공식 개발 프레임워크로 정의하고 있는 것이다. 필자도 원래는 이쪽 엔지니어로 2015~2018년까지 4년 동안 Swift를 사용하여 iOS 앱을 주로 개발했었다. 네이티브 개발의 최대 장점은 최신 OS를 반드시 지원한다는 것과 스크롤이 매끄럽다는 등 동작 퍼포먼스가 가장 좋다는 점이다. 하지만 Android 앱은 Kotlin, iOS 앱은 Swift와 같이 코드를 각각 따로 작성해야 하기 때문에 그만큼 개발자도 필요하며 개발 시간도 걸린다는 단점이 있다.

한편 **크로스 플랫폼** 프레임워크인 React Native나 Flutter도 인기가 많은데 크로스 플랫폼이란 iOS나 Android와 같은 다른 OS를 횡단하여 지원하는 프레임워크를 가리킨다. 즉, 코드를 한

번 작성하면 그 코드를 iOS와 Android 둘 다에 적용할 수 있다는 것이다. 자세한 것은 1.7 '왜 Flutter인가?'에서 설명하겠다.

좀 전에 네이티브 개발 언어를 공식이라고 했었다. 그런 관점에서 보면 크로스 플랫폼 프레임 워크는 공식은 아니지만 기본적으로 Apple과 Google사도 인정하고 있으며 실제로는 서로 연계 하여 개발을 진행하고 있다. 참고로 Apple은 iPhone 단말기와 iOS와 Swift를 개발하고 있으며, Google은 Pixel과 같은 일부 단말기와 AndroidOS, Flutter를 개발하고 있다. React Native라는 크 로스 플랫폼은 Facebook이나 Instagram을 운영하는 Meta사가 개발하고 있다.

또한 이와 같은 앱 개발 언어나 프레임워크는 기본적으로 무료로 사용할 수 있는데 그 배경에 는 GAFAM을 중심으로 한 테크놀로지 기업이 존재해서 앱 개발자들을 자신들의 필드로 끌어들 이려는 속셈이 들어 있다. 그런데 개발자 커뮤니티는 오픈소스 문화로 발전해 온 역사가 있기 때 문에 다들 비즈니스 냄새는 그다지 나지 않는다.

1.6 Flutter란?

Flutter는 Google이 개발한 앱 개발을 위한 프레임워크로, 모바일, 웹, 데스크톱 앱을 만들 수 있다. 사실 Flutter는 프로그래밍 언어가 아니라 Dart라는 프로그래밍 언어를 사용하여 앱을 만 들 수 있게 해 주는 프레임워크이다.

Flutter에 국한되지 않고 Ruby를 사용한 프레임워크인 Ruby on Rails, Python을 사용한 Django, PHP를 사용한 Laravel 등 어떤 언어를 사용하여 앱을 만들 수 있게 해 주는 프레임워크 는 많이 있다.

Dart라는 언어는 2011년에 Google이 배포한 언어이다. 그 후 2018년에 Google이 Flutter를 배포 했다. Flutter뿐만 아니라 Dart를 사용하여 서버 사이드 앱을 만드는 Serverpod나 Flog라는 프레 임워크도 있다.

1.7 왜 Flutter인가?

Flutter는 빠른 개발 사이클, 아름다운 사용자 인터페이스 구축 능력, 그리고 하나의 코드베이스로 여러 개의 플랫폼을 지원하는 능력 때문에 많은 개발자들에게 사랑을 받고 있다. Google의 강력한 지원과 거대한 커뮤니티도 있어 문제에 대한 해결책도 빨리 찾아낼 수 있다.

간단히 말하자면 '고성능의 앱을 많은 OS로 빨리 배포할 수 있다'는 장점을 갖고 있다는 것이다. 이에 대해 하나씩 설명해 가겠다.

그림 1.7 Flutter의 매력

빠르다   고성능   크로스 플랫폼

1.7.1 빠르다

앞에서 어떤 앱도 3개월이면 만들 수 있다고 했는데 그 이유는 요즘 들어 고속으로 앱을 만들 수 있게 되었기 때문이다. 물론 iPhone이나 Android가 나왔을 무렵에는 개발 툴이 아직 정비되지 않았고 버그도 많아서 그다지 효율적으로 만들 수 없었다.

Flutter는 다른 앱 개발 도구보다 앱을 더 빨리 만들 수 있도록 설계되어 있다. 퍼즐을 짜맞추듯 앱 화면을 만들 수 있는 기능이 정말 뛰어나다.

1.7.2 고성능

Flutter는 Google이 만들어서 그런지 AndroidOS에서 자주 보이는 Material 디자인의 UI 부품이 알차다. 이를 조합하기만 하면 보기 좋은 앱을 간편하게 만들 수 있으므로 특별히 디자이너가 없어도 앱이 촌스럽지 않다.

1.7.3 크로스 플랫폼

iOS, Android, 웹과 같이 앱을 배포할 무대를 플랫폼이라고 한다. 또한 여러 플랫폼에 대해 앱을 배포할 수 있는 프레임워크를 **크로스 플랫폼** 프레임워크라고 한다.

Flutter는 크로스 플랫폼을 지원한다. Flutter로 코드를 쓰면 iOS 앱과 Android 앱, macOS 앱, 웹 애플리케이션, Windows 앱을 동시에 만들 수 있다. 각각에 대해 약간의 최적화는 필요하지만 개별 코드를 거의 쓰지 않고 전부 한꺼번에 만들 수 있으므로 상당히 효율적이다.

필자가 운영하고 있는 Flutter 대학도 iOS, Android, 웹 애플리케이션을 마련하고 있는데 거의 하나의 코드로 모든 플랫폼을 지원하고 있다.

크로스 플랫폼이 등장하기 전에는 iOS는 Swift로 작성하고, Android는 Kotlin으로 작성하고, 웹은 JavaScript로 작성하는 등 각각 다른 언어를 각기 학습하여 만들어야 했지만 크로스 플랫폼을 지원하는 프레임워크가 등장하면서 개발 효율이 올라갔다.

1.8 Flutter vs 다른 프레임워크

그림 1.8 다양한 앱 개발 프레임워크

| Flutter | React Native |
| Ionic | Xamarin |
| Cordova |

Flutter는 다른 개발 프레임워크나 언어와 비교하면 개발자 경험이 좋다는 점에서 인기가 많다. 그 이유를 몇 가지 소개하겠다.

그림 1.9 Flutter가 개발자 경험이 좋다고 여겨지는 이유

iOS와 Android 앱을 둘 다 만들 수 있다.

핫 리로드

풍부한 Widget

뛰어난 퍼포먼스

먼저 최대 장점이라고 한다면 Flutter는 하나의 코드 베이스로 iOS와 Android 앱 둘 다를 개발할 수 있다는 점이다. 이로써 개발 시간과 코드를 작성하는 업무를 대폭 줄일 수 있다. 이에 비해 Swift나 Kotlin의 경우는 각각의 코드로 따로따로 개발해야 하므로 기본적으로 시간이 걸린다.

Flutter의 두 번째로 큰 특징으로는 **핫 리로드 기능**을 들 수 있다.

핫 리로드 기능이란 코드를 변경하면 바뀐 UI를 실시간으로 확인할 수 있는 기능을 말한다. 이로써 생산성을 대폭 향상시킬 수 있다.

한편 종래의 Swift와 Kotlin 개발의 경우는 일단 빌드하여 앱을 작동시켜야 동작을 확인할 수 있기 때문에 적어도 매번 3분 이상의 대기 시간이 발생한다. 참고로 SwiftUI나 Jetpack Compose의 경우는 다른 프레임워크를 따라 실시간으로 UI 변화를 확인하는 기능을 마련하고 있다.

세 번째로 Flutter에는 Widget이라 부르는 **UI 컴포넌트**(버튼이나 텍스트, 이미지 등을 만드는 부품)가 풍부하다. 이로써 개발자는 아름다운 UI를 짧은 시간에 만들 수 있다. 또 원래 Flutter에 마련되어 있는 Widget뿐만 아니라 개발자가 직접 커스텀으로 작성한 것을 하나로 모아 package로 만들어 배포하는 문화도 있다.

네 번째는 뛰어난 퍼포먼스이다. 여기서 말하는 퍼포먼스란 **처리가 무거워도 화면이 매끄럽고 쾌적하게 움직인다는 뜻이다. 컴퓨터나 스마트폰을 사용할 때 처리가 무거워서 화면이 멈춰버리는 경험이 있을 것이다. 그런 일이 별로 일어나지 않는 상태가 소위 퍼포먼스가 높은 상태라고 할 수 있다.** Flutter가 움직이는 장소인 Flutter Engine은 C++언어로 쓰인 Flutter의 독자적인 렌더링 엔진이다. 때문에 Flutter/Dart의 코드는 Swift나 Kotlin과 같은 코드로 변환되어 있는 것이 아니라 스마트폰 상에 인스톨된 Flutter Engine 안에서 움직인다.

한편 React Native는 JavaScript를 Swift(Objective-C), Kotlin(Java)로 변환하여 움직인다. React Native의 단점은 이 변환 연결점에 버그가 발생하면 잘 작동하지 않는다는 점이다. 또 React Native는 항상 iOS나 AndroidOS를 수시로 업데이트할 필요가 있다. 이것이 가장 큰 차이라고 할 수 있다.

Swift와 Kotlin을 사용한 개발은 iOS, Android 각각에서 최고의 퍼포먼스(매끄럽게 움직이는 UI)를 발휘한다. 이런 **순정 프레임워크**에는 이길 수 없지만 Flutter는 Flutter Engine의 뛰어난 성능으로 이 순정 프레임워크의 움직임에 상당히 근접하게 움직인다. React Native와 같이 순정으로 변환하는 것이 아니라 독자적인 기능으로 뛰어난 퍼포먼스를 구현하고 있기 때문에 아직 더 발전될 여지가 많다. 필자는 Flutter가 배포되었을 무렵부터 사용해 왔는데 현재의 Flutter의 퍼포먼스는 초창기보다 상당히 높아졌다고 생각한다.

1.9 Flutter 개발의 전체 이미지

Flutter 개발은 기본적으로 다음과 같은 요소로 이루어진다.

- Widget 기반 UI 개발의 이해
- Dart 언어 학습
- 상태 관리 학습
- 패키지 이용
- 각 OS에 대한 배포 작업의 지식

그림 1.10 앱 개발의 이미지

> Widget 기반 UI 개발의 이해
>
> Dart 언어 학습
>
> 상태 관리 학습
>
> 패키지 이용
>
> 각 OS에 대한 배포 작업의 지식

Flutter 개발자는 이들을 이해하고 적절히 이용하여 아름답고 효율적이며 퍼포먼스가 좋은 앱을 작성할 수 있다.

이 책에서는 'Widget 기반 UI 개발의 이해'와 'Dart 언어의 학습'을 중심으로 설명한다. 여기까지 이해가 되면 **간단한 앱을 완성**시킬 수 있다. 보다 복잡한 앱에 도전하고 싶을 때는 상태 관리를 학습하거나 패키지를 이용할 필요가 있다. 또 App Store나 Google Play 스토어에 배포할 때도 관련 지식이 필요하다. 이 책에서 설명하지 않는 이러한 스킬에 대해서는 Flutter 대학의 유튜브 채널 동영상[2]이나 zenn이라는 기술 블로그 플랫폼에서 기사나 책[3]을 내고 있으므로 이 책을 모두 학습한 후에는 그쪽도 꼭 도전해 보기 바란다.

---

[2] https://www.youtube.com/channel/UCReuARgZl-BFjioA8KBpjsw

[3] https://zenn.dev/kboy

제 **2** 장

Flutter로 앱을 만들 때
준비 사항

제1장에서 앱 개발의 이미지가 잡혔을 것이다. 이 장에서는 실제로 컴퓨터를 마련하여 개발 준비 작업에 들어가 보자.
중간에 포기하지 않도록 자세히 설명하고 있으므로 잘 따라오기 바란다!

2.1 필요한 컴퓨터

Flutter로 앱을 개발하고 싶어도 무엇부터 시작해야 좋을지 모르는 사람이 많을 것이다. 그래서 이 섹션에서는 Flutter 앱 개발을 위한 컴퓨터 준비 방법을 소개하겠다.

2.1.1 어떤 컴퓨터를 골라야 하는가?

가장 먼저 macOS를 사용할지 Windows를 사용할지부터 생각해야 한다. **결론부터 말하자면 macOS이다.** 그 이유는 macOS를 사용해야 iOS 앱을 만들 수 있기 때문이다. iOS 앱을 만들려면 macOS 앱인 Xcode를 넣어야 하는데 Flutter로 iOS 앱을 만들 때도 이 Xcode가 꼭 필요하다. 따라서 macOS를 사용하는 것이 가장 좋다.

그림 2.1 PC 선택

아마 macOS에서만 iOS 앱을 만들 수 있다면 'Windows에서만 만들 수 있는 앱도 있지 않을까?' 라고 생각할지도 모른다. 물론 Windows에서만 만들 수 있는 앱은 Windows 앱뿐이다. 실제로 Flutter는 Windows 앱 개발도 지원하고 있다. Windows에서는 Android 앱과 Windows 앱을 만들 수 있으므로 이 둘을 만들고 싶은 사람은 Windows가 좋을지도 모른다. 그러나 이 책을 보고 있는 많은 사람은 주로 스마트폰 앱 개발을 상상하고 있을 것이므로 그런 사람은 iOS 앱과 Android 앱을 둘 다 만들 수 있는 macOS 컴퓨터를 구입하는 것이 무난하다.

이 책의 환경 구축에 관해서는 macOS를 기반으로 이야기를 진행하겠지만 그 이외의 사항에 관해서는 Windows도 모두 똑같으므로 Windows를 사용하는 사람도 포기하지 말고 이 책을 참고로 Flutter 개발에 임하기를 바란다.

지금부터는 macOS 컴퓨터를 구입하는 것을 전제로 이야기를 진행하겠다. macOS 컴퓨터에서 고려해야 할 것은 CPU 사양과 메모리, 그리고 스토리지이다. 각각 어떻게 검토해야 좋을지를 소개하겠다.

2.1.2 칩

예를 들어 MacBook Air를 사려고 한다면 거기에 M1 Ultra이라던가 Intel Core i7과 같은 것이 적혀 있을 것이다. 바로 이것이 칩인데, 칩에서 가장 큰 부분을 차지하는 것은 CPU이다. 그래서 M1이나 Intel Core i7을 CPU 사양이라고 부르는 경우도 있다. CPU는 Central Processing Unit의 약자로 컴퓨터의 두뇌에 해당하는 역할을 갖고 있다.

그림 2.2 칩을 고른다

그렇다면 어떤 것을 골라야 하는지가 문제인데 그렇게까지 자세히 따지면서 검토하지 않아도 괜찮다. 현재 Apple이 출시하고 있는 최신 macOS 컴퓨터는 모두 M1, M2와 같이 M◯ 칩을 사용하므로 기본적으로 이런 제품을 사면 된다. M2 Ultra와 같이 매년 Apple이 새로운 칩을 발매하고 있지만 필자도 M1 맥북 에어로 개발을 하고 있으므로 이 책을 집필하고 있는 현 시점에서는 M1 이후의 칩이라면 문제가 없을 것이다. 즉, M◯ 칩이라면 뭐든지 괜찮다는 것이다.

예전 MacBook의 칩은 Intel이므로 중고로 살 경우는 사양을 검토해야 할지도 모른다. Flutter 개발을 할 때 기본적으로 Intel 칩도 부족하지는 않다. 하지만 M◯ 칩이 개발 시 컴퓨터의 동작이 확연히 빠르므로 가능하다면 M◯ 칩을 권장한다.

2.1.3 메모리

결론부터 말하면 메모리는 16GB 이상으로 해야 한다. 메모리는 8GB, 16GB, 32GB, 64GB와 같이 배로 늘어가는 기가가 붙어 있는 것이다. 나중에 설명할 스토리지도 256GB와 같이 표현하지만 스토리지는 저장할 수 있는 용량을 가리키는 반면 **메모리는 순간적으로 사용할 수 있는 용량**을 말한다. 따라서 **메모리의 용량은 얼마나 많은 앱을 동시에 열어서 작업할 수 있는지**와 직결되어 있다.

그림 2.3 메모리 = 동시 작업

예를 들어 Android Studio에서 앱 개발을 하면서 Visual Studio Code로 서버 사이드 개발을 하고, Final Cut Pro로 동영상 편집을 하면서 인터넷에서 Figma를 열어 디자인을 확인하고, Photoshop으로 사진을 가공하는 작업을 동시에 하기 위해서는 많은 메모리가 필요하다.

메모리가 부족하면 무슨 일이 일어나느냐면 화면이 멈춰버린다. 컴퓨터를 만지고 있는데 애플리케이션이 멈춰버려 강제 종료시킨 경험이 있을 것이다. 이는 대부분의 경우 메모리가 부족해서 일어나는 현상이다.

Flutter로 앱을 개발할 때도 Figma로 디자인을 확인하면서 Flutter의 앱을 구성하거나 Zoom으로 화면을 공유하면서 작업하는 정도의 일은 반드시 일어나는 일이므로 8GB는 좀 부족하다. 적어도 16GB는 필요하다고 생각한다. 물론 32GB 이상은 있으면 더할 나위 없겠지만 그러면 가격도 올라가므로 기본적으로는 필요 없다.

참고로 똑같은 16GB 메모리라도 Intel 칩과 M1 칩에서 작업 시 느끼는 체감은 상당히 다른데 M1이 처리 능력이 높고 화면이 멈추는 현상이 적다.

2.1.4 스토리지

결론은 512GB 이상은 있는 것이 좋다. 좀 전의 메모리가 순간적으로 사용할 수 있는 기가 용량을 나타내는 것이라면 스토리지는 저장해 둘 수 있는 기가 용량을 나타낸다. 이 쪽이 이미지를 더 잡기 쉬울 것이다.

그림 2.4   스토리지 = 창고

iPhone과 같은 스마트폰을 살 때도 64GB로 할지 256GB로 할지 고민한 적이 있을 것이다. 스마트폰의 경우는 용량을 얼마나 크게 할지에 따라 저장할 수 있는 사진이나 동영상의 양이 바뀐다. 괜찮을 것 같아서 64GB로 했더니 금방 용량이 꽉 차서 동영상을 저장하지 못하거나 앱을 설치하지 못한 경험도 있을 것이다. 이와 마찬가지로 컴퓨터로 작업을 할 때도 이런 문제에 직면하는 경우가 있다.

여기서 문제가 되는 것은 iOS 앱을 빌드하기 위해 필요한 macOS 앱인 **Xcode**이다. Flutter로 앱 개발을 하더라도 이 Xcode를 설치하지 않으면 iOS 앱을 빌드할 수 없다. 문제는 이 Xcode가 용량을 상당히 많이 차지한다는 점이다.

필자의 컴퓨터에서 확인해 보니 Xcode는 **12.68GB**를 차지하고 있었다. 참고로 Android Studio는 1.89GB, Visual Studio Code는 547MB 밖에 차지하지 않는다.

12GB라면 그만큼만 비워두면 된다고 생각할지 모르지만 여기에 함정이 있다. 앱을 업데이트

할 때는 일시적으로 오래된 앱과 새로운 앱이 두 개 공존하는 순간이 있다. 그래서 최소한 12×2=24GB 정도는 용량에 여유가 있어야 한다. 또 Xcode에는 시뮬레이터라는 컴퓨터상에서 iPhone을 기동시켜 동작을 디버깅할 수 있는 기능이 있는데 이것도 iOS가 컴퓨터에 몇 개씩 만드는 것으로 한 시뮬레이터 당 5GB 정도 소요되는 무거운 것이다. 아무 생각 없이 Xcode를 인스톨하면 시뮬레이터가 10개 정도 인스톨되므로 이것만으로 50GB를 사용하게 된다. 이렇게 되면 결국 Xcode 관련으로만 60~80GB를 사용하게 된다는 것이다.

이상을 고려하면 용량이 128GB인 경우 금방 없어지며, 256GB인 경우는 동영상을 몇 개 저장하면 간당간당해지고, 512GB 정도는 되어야 어느 정도 다른 생각하지 않고 작업을 할 수 있다.

참고로 필자는 유튜브도 하고 있어서 동영상 편집을 하는 경우가 있는데 동영상을 모두 컴퓨터에 저장하면 순식간에 512GB가 다 차 버린다. 그 배인 1,000GB 이상 즉, 1TB 이상이 있어도 금방 없어진다. 동영상을 다루는 사람은 외장형 하드디스크를 사서 스토리지를 늘릴 것을 권장한다.

2.1.5 가격

이 책을 집필하고 있는 2024년 10월 현재 지금까지 설명한 항목을 만족시키는 최소 사양은 다음과 같다.

● MacBook Air M2칩, 메모리 16GB, 스토리지 512GB

이 사양을 App Store에서 찾아보면 1,930,000원이었다.

쾌적한 앱 개발 라이프를 보내기 위해서는 이 정도의 초기 비용이 든다. 형식을 중요시 여기는 사람이라면 이 사양으로 구입할 것을 권장하지만 Windows에서도 개발은 가능하며 사양이 이보다 낮은 macOS에서도 Flutter 앱 개발은 시작할 수 있으므로 우선은 갖고 있는 컴퓨터에서 앞으로 설명할 환경 구축을 시험해 본 후에 구입을 할지 말지를 검토하는 것도 나쁘지 않다.

2.2 macOS 환경 구축

먼저 macOS 컴퓨터에서 Flutter 환경을 구축해 보자. Windows 컴퓨터의 경우는 이 섹션을 건너뛰고 다음 섹션인 'Windows 환경 구축'으로 넘어간다.

2.2.1 Flutter 설치하기

먼저 Flutter를 인스톨한다. Flutter 공식 HP의 인스톨 페이지[*1]로 가보자.

⚑ macOS 선택하기

OS의 종류로는 Windows, macOS, Linux, ChromeOS 등이 있지만, 이번에는 'macOS'를 선택한다.

그림 2.5 'macOS'를 선택

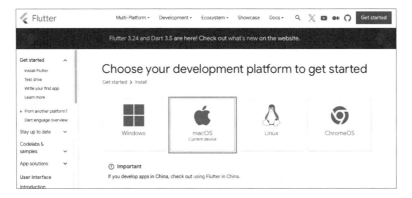

⚑ 'Flutter' 폴더 다운로드하기

제목이 'Download then install Flutter'로 나오는 부분에서 ZIP 파일 다운로드 버튼을 누른다.

그러면 칩이 Intel인지 Apple Silicon인지를 선택하는 부분이 나온다. 여러분의 macOS 칩에 맞춰 선택을 한다. M1, M2와 같은 M○ 시리즈라면 'Apple Silicon'을, 그 외의 경우는 'Intel'을 선택한다.

그림 2.6 Flutter SDK 다운로드 버튼

다운로드가 끝나면 압축을 해제한다.

---

*1 https://docs.flutter.dev/get-started/install

🎣 'Flutter' 폴더 이동하기

사용자 폴더 바로 아래에 'development' 폴더를 만들어 다운로드하여 압축을 해제한 'flutter' 폴더를 이동한다.

폴더 구성은 'Macintosh HD > 사용자 > (사용자명) > development > flutter'로 될 것이다.

이 폴더명은 나중에 경로 지정 시에 올바르게 참조할 수 있다면 뭐든지 상관없다.

그림 2.7 'flutter' 폴더

2.2.2 경로 지정

Flutter를 인스톨한 후 Flutter를 사용하기 위해서는 '경로 지정'이라는 작업이 필요하다. 커맨드 작업을 조금 해야 하므로 어려워 보일 수 있지만, 실제로 하는 일은 **어디에 Flutter의 폴더가 있는지를 컴퓨터에게 알려주는 것**일 뿐이다.

🎣 사용하고 있는 셸을 조사한다

터미널을 기동시켜 다음을 실행한다.

```
echo $SHELL
```

- /bin/zsh가 반환되면 zsh 셸을 사용하고 있다
- /bin/bash가 반환되면 bash 셸을 사용하고 있다

기본적으로 2019년 10월 이후에 구입한 macOS의 경우는 zsh가 기본 셸이다. 또 그 이전에 구입한 경우에도 macOS Catalina 이후 버전을 사용하고 있다면 bash라 하더라도 OS가 zsh로 변경할 것을 권장한다.

여러 상황을 고려하여 zsh뿐만 아니라 bash의 경우도 포함하여 조작 방법을 설명하겠다.

🏴 zsh인 경우

zsh인 경우는 '.zshrc'라는 설정 파일에 경로를 써 넣는다.

터미널에서 다음과 같이 입력한다. 그러면 vim이라는 에디터가 시작된다.

```
vim .zshrc
```

이 작업은 Finder에서 파일을 선택하여 아무 에디터로 써 넣는 것과 똑같은 일이다.

🏴 bash인 경우

bash인 경우는 설정 파일이 다르므로 '.bash_profile'을 연다.

```
vim .bash_profile
```

🏴 INSERT 모드로 바꾼다

그 다음은 zsh든 bash든 똑같이 작업을 한다.

vim이라는 에디터가 시작된 상태이므로 i를 눌러서 'INSERT' 모드로 전환한다.

🏴 경로를 입력한다

export PATH="$PATH:[flutter 폴더가 저장되어 있는 디렉토리]/flutter/bin"이라고 **입력**한다.

그림 2.8   경로를 입력

필자의 경우 /Users/lnp/development라는 폴더에 flutter 패키지를 넣었으므로 경로는 그림 2.8과 같다.

🏴 내용을 저장한다

[Esc]를 눌러서 'INSERT' 모드를 종료하고, :WQ라고 입력한 뒤 [Enter]를 눌러 내용을 덮어 쓴다.

🏴 경로의 유효화

그 다음은 경로를 유효화하기 위해 다음 커맨드를 입력하여 실행한다.

```
source ~/.zshrc
```

경로가 지정되었는지를 확인한다

터미널에서 다음 커맨드를 실행하여 경로가 표시되면 설정은 끝난다.

```
which flutter
```

또 다음 코드를 입력한 후 `Enter`를 눌러 welcome to flutter가 표시되면 경로가 정상적으로 지정된 것이다.

```
flutter doctor
```

제대로 지정되지 않은 경우는 not found와 같은 메시지가 표시된다. 좀 전에 경로를 저장할 때 철자가 틀리지 않았는지 다시 한 번 확인하기 바란다.

다음은 Android Studio를 셋업해 보자.

2.2.3 Android Studio 셋업

① Android Studio 공식 HP[*2]에서 다운로드하여 안내에 따라 인스톨한다

그림 2.9 Android Studio 다운로드 버튼

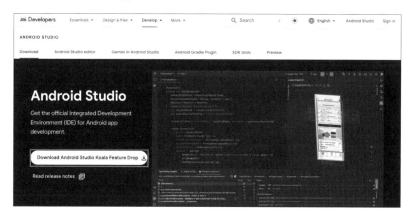

---

*2 https://developer.android.com/studio

21

다운로드가 끝나면 다음과 같은 화면이 나타난다.

그림 2.10   Android Studio 시작 화면

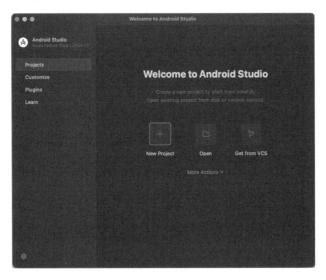

② Flutter, Dart 플러그인을 도입한다

왼쪽 탭에서 'Plugins'를 선택한다.

그림 2.11   Android Studio 플러그인 검색 화면

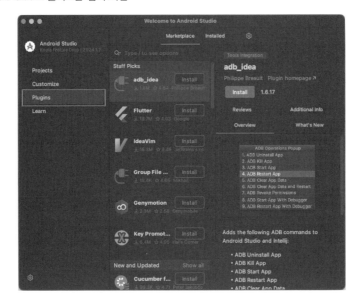

③ Flutter, Dart를 인스톨한다

'Marketplace' 탭을 선택한 상태에서 'Flutter'라고 검색한다.

그림 2.12 플러그인 검색 화면에서 'Flutter'라고 검색

'Flutter'가 나오면 선택한 후 'Install' 버튼을 누른다.

그림 2.13 Flutter 플러그인의 'Install' 버튼

인스톨을 하면 'Restart IDE' 버튼이 나온다. 이 버튼을 누르고 Android Studio를 다시 시작한다.

그림 2.14 'Restart IDE' 버튼

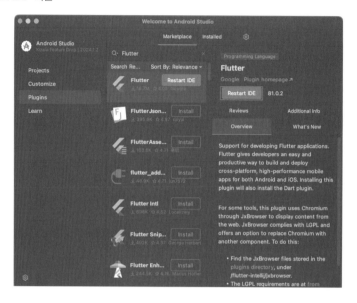

참고로 Flutter 플러그인을 넣으면 자동으로 Dart 플러그인도 들어간다.

④ Android Studio를 다시 시작하고 초기 화면에 'New Flutter Project'가 있는지 확인한다

그림 2.15 'New Flutter Project' 표시

⑤ 프로젝트를 작성한다

먼저 'New Flutter Project' 버튼을 눌러서 'Flutter'가 선택되어 있는지 확인하고 'Next'를 누른다. 그림 2.16에서 'Flutter SDK path' 부분이 좀 전에 설정한 Flutter의 경로로 되어 있는지 확인한다. 그림 2.16의 경우는 '/Users/lnp/development/flutter'이다.

그림 2.16 'Flutter'를 선택하고 'Next'를 누른다.

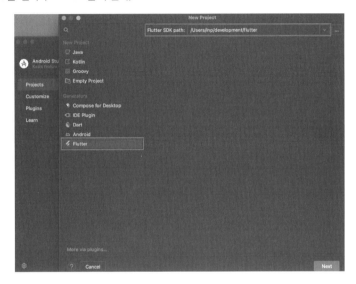

다음 화면에서는 앱 정보를 설정한다.

'Project name'에는 앱 이름을 입력한다. 원하는 이름을 넣으면 되지만, 한글로는 입력하면 안된다.

그림 2.17 'Project name'을 입력

그 아래에 있는 'Project location'과 'Description'은 특별히 바꾸지 않아도 되지만, 간단하게 설명해 놓겠다.

- Project location: 이 앱의 프로젝트를 어떤 폴더에 만들지를 기재한다.
- Description: 이 앱의 설명이다. 나중에 설명할 'pubspec.yaml'에 반영된다. 배포 후 App Store에 쓰는 설명문과는 다른 것이므로 개발자만 볼 수 있다.

그림 2.18 'Project location'과 'Description'을 입력

'Organization'은 조금 주의해야 한다. 배포를 하지 않을 것을 전제로 개발할 때는 기본값인 'com.example'을 그대로 써도 되지만 배포를 할 때는 고유한 값이어야 한다. 그래서 여기에는 해당 앱을 배포할 회사의 HP의 도메인을 거꾸로 한 것을 넣는 습관을 들이는 것이 좋다.

예를 들어 필자의 회사인 '주식회사 KBOY'의 회사 HP는 'kboy.jp'이므로 'jp.kboy'라고 입력한다. 가령 'kboy.co.jp'라면 'jp.co.kboy'가 된다.

회사가 아니라 개인인 경우에도 이 란은 고유한 이름으로 지정해야 하므로 자신의 HP 도메인을 거꾸로 한 것을 넣거나 절대 겹치지 않는 고유한 이름을 생각해 적는다.

그림 2.19 'Organization'을 입력

'Android language'이나 'iOS language'는 Kotlin과 Swift로 되어 있다면 문제없다. Java나 Objective-C가 안 되는 것은 아니지만 Kotlin과 Swift가 새로운 정보가 많기 때문에 기본적으로는 이 둘을 선택한다.

그림 2.20 'Android language'를 입력

'Platforms' 부분에는 이름 그대로 '어떤 플랫폼을 대상으로 할지'를 설정한다. 플랫폼이란 Android, iOS, 웹 등과 같이 앱이 움직이는 무대를 말한다. 기본값은 모두 선택되어 있는데 이 상태로도 별다른 문제는 없다. 하지만 선택한 수만큼 폴더가 늘어나므로 폴더 구성을 깔끔하게 하고 싶은 사람은 필요한 플랫폼에만 선택 표시를 넣기 바란다.

그림 2.21 'Platforms' 선택하기

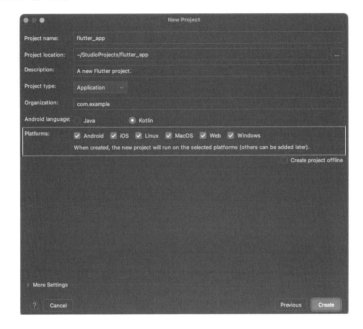

여기까지 끝났다면 오른쪽 아래에 있는 'Create' 버튼을 눌러서 앱 설정을 끝낸다.

그림 2.22 'Create' 버튼 누르기

🖋 ⑥ 디버깅을 위한 에뮬레이터를 다운로드한다

'Device Manager'에 액세스한다.

그림 2.23 'Device Manager'

iPhone 중에서 에뮬레이터를 다운로드한다(그림 2.24는 Pixel 3a를 선택함).

그림 2.24 　에뮬레이터 목록

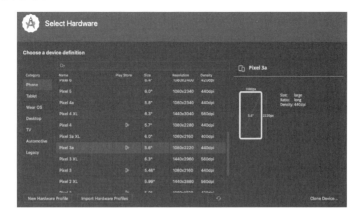

⑦ '시작 버튼'을 탭하여 에뮬레이터를 시작한다

그림 2.25 　에뮬레이터의 '시작' 버튼을 누른다.

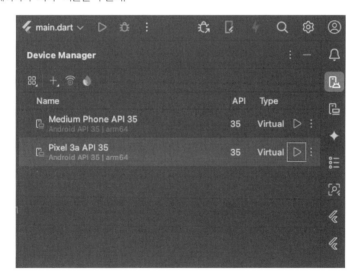

🎏 ⑧ 디버깅 버튼을 눌러 빌드가 되면 끝이다!

그림 2.26 Android Studio의 '디버깅' 버튼을 누른다.

이후는 프로젝트를 열면 에뮬레이터를 선택할 수 있게 된다.

2.2.4 Xcode 셋업

마지막으로 Xcode를 셋업한다. Android Studio 셋업만으로도 개발을 진행할 수 있지만, iOS 앱을 만들기 위해서는 Xcode도 인스톨해야 하므로 기본적으로 넣어 두는 것이 좋다.

🎏 Xcode를 다운로드한다

macOS의 App Store에서 Xcode를 검색하여 다운로드한다.

이때 주의할 점이 2가지 있다.

- Xcode의 용량이 크므로(12GB 정도) 컴퓨터의 용량을 확보해 둘 것
- 용량이 큰 만큼 다운로드에 시간이 걸리므로(20분~2시간) 네트워크 환경이 좋은 곳에서 시간을 확보해 둘 것

Xcode 다운로드는 시간이 많이 걸리는 것으로 유명하므로 집에서 작업을 할 때는 자기 전에 다운로드 버튼을 눌러두면 좋다. 당연하겠지만 Xcode를 다운로드 중에는 Xcode를 사용할 수 없으므로 기본적으로 앱 개발을 할 수 없다. 다운로드 중에는 앱 개발 작업을 멈추고 운동이나 사우나를 하러 가거나 아니면 잠을 자는 등 시간을 유용하게 쓰도록 하자.

그림 2.27 Xcode 다운로드 버튼

🏳 시뮬레이터를 시작한다

Android Studio로 돌아와서 'Open iOS Simulator'를 선택하여 시뮬레이터를 시작한다.

그림 2.28 'Open iOS Simulator'를 선택

🏳 기동시켜 본다

디버깅 버튼을 눌러 Android와 똑같이 빌드가 되면 끝난 것이다. 이로써 Flutter로 앱 개발을 시작하기 위한 준비는 다 끝났다.

그림 2.29 기본 TODO 앱

2.2.5 CocoaPods 설치

이 시점에서 CocoaPods 인스톨은 필요없지만, 나중에 여러 가지 라이브러리를 넣으면 CocoaPods 가 필요해지므로 여기서 설치해 둔다.

터미널에서 다음 커맨드를 입력하여 CocoaPods를 인스톨한다[3].

```
sudo gem install cocoapods
```

2.3 Windows 환경 구축

다음은 Windows에서 환경 구축을 해보자. macOS를 사용하는 사람은 이 섹션은 건너뛰어도 된다. 한 가지 주의할 점은 Windows에서는 iOS 앱 개발을 할 수 없다는 것이다. 모바일 앱의 경우는 Android 앱을 만들 수 있다.

먼저 Flutter 공식 도큐먼트에 액세스하여 'Windows'를 선택한다.

그림 2.30 인스톨 화면에서 'Windows'를 선택

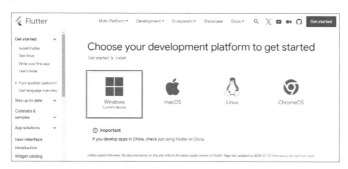

2.3.1 Git for Windows 다운로드

Windows 컴퓨터에서 Flutter를 사용하기 위해서는 다음 2가지 조건이 있다.

---

[3] 이 책에서는 CocoaPods가 필수가 아니므로 자세한 설명은 생략하지만, 혹시 알고 싶은 사람은 'Flutter 대학'의 유튜브 (https://www.youtube.com/@flutteruniv)로 확인하기 바란다.

- Windows PowerShell 5.0[*4] 이상이 들어 있을 것

- Git for Windows[*5] 버전 2계열 이상이 들어 있을 것

그림 2.31 Windows 컴퓨터에서 Flutter를 사용하기 위한 조건

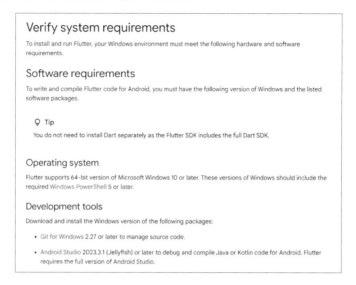

Windows PowerShell은 이미 들어 있을 가능성이 높으므로 Git For Windows를 다운로드하는 방법부터 설명하겠다.

공식 도큐먼트 링크에도 있는 **https://git-scm.com/download/win**에 액세스하여 'Click here to download'를 클릭한다.

그림 2.32 Git 다운로드 화면

---

*4 https://docs.microsoft.com/en-us/powershell/scripting/install/installing-windows-powershell

*5 https://git-scm.com/download/win

다운로드가 끝나면 exe 파일을 연다.

그림 2.33   다운로드한 exe 파일을 전개

특별히 커스터마이징할 필요는 없으므로 기본적으로 'Next' 버튼을 눌러 계속 진행하여 인스톨을 완료한다.

그림 2.34   git 인스톨 중

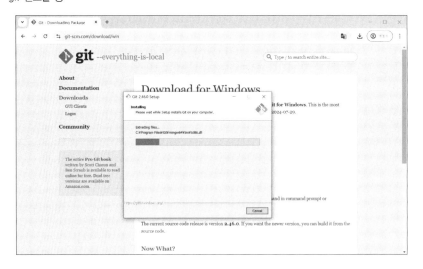

2.3.2 Flutter SDK 다운로드

버튼을 눌러 Flutter SDK를 다운로드한다.

그림 2.35 'flutter_windows' 다운로드 페이지

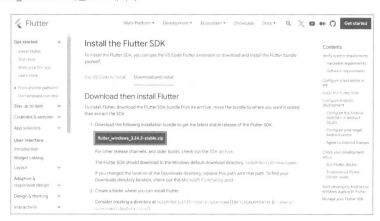

2.3.3 Flutter SDK를 저장하고 경로 지정

다운로드하고 있는 동안 Flutter SDK를 저장하기 위한 폴더를 만든다. 컴퓨터의 폴더 드라이브를 선택한다. 그림 2.36에서는 'Windows(C:)'이다.

그림 2.36 'Windows(C:)' 폴더

'Windows(C:)' 안에서 폴더를 새로 만든다.

그림 2.37 '새로 만들기 – 폴더'를 누른다.

'src'라는 이름으로 만든다.

그림 2.38 'src' 폴더를 작성

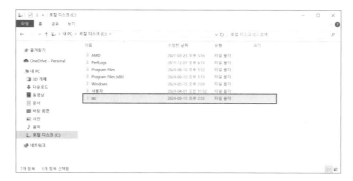

그 다음 'src' 폴더 안에 'development'라는 이름의 폴더를 만든다.

그림 2.39 'development' 폴더를 작성

다운로드가 끝났으면 '폴더 열기'를 선택한다.

그림 2.40 다운로드한 'flutter_windows'의 '폴더 열기'를 누른다.

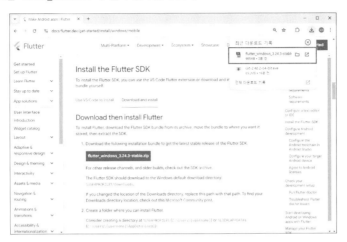

폴더 안에서 'flutter'로 시작하는 파일을 더블 클릭하여 압축을 해제한다.

그림 2.41 'flutter'로 시작하는 파일을 더블 클릭하여 압축을 해제

그러면 ZIP 파일의 압축이 풀린다.

그림 2.42 ZIP 파일 압축 해제

압축이 풀린 'flutter'라는 이름의 폴더가 데스크톱에 있으므로 그 폴더를 좀 전에 'src' 폴더 아래에 만든 'development'라는 폴더 안으로 드래그&드롭하여 저장한다.

그림 2.43 'src' 폴더 아래의 'development' 폴더에 저장

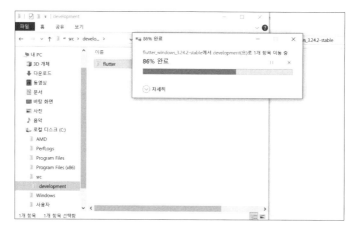

그 다음 'Windows(C:)>src>development>flutter' 폴더 안에 있는 'bin'이라는 폴더에서 마우스 오른쪽 버튼을 클릭하여 속성을 누른다.

그림 2.44 'bin'을 마우스 오른쪽 버튼을 클릭하여 속성을 누른다.

'bin'의 속성 화면이 열리면 그대로 열어 둔다.

그림 2.45 'bin' 속성

그 다음 Windows의 검색 창에서 'env'를 검색한다.

그림 2.46 Windows 검색 창에서 'env'를 검색

그리고 '환경 변수 편집'을 누른다.

그림 2.47 '환경 변수 편집'을 누른다.

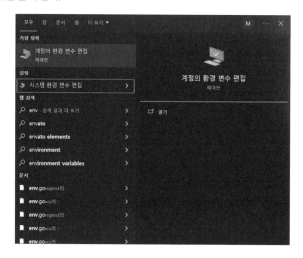

환경 변수 안에 'Path'라는 것이 있는데 이를 클릭하고 '편집' 버튼을 누른다.

그림 2.48 환경 변수 안의 '편집'을 누른다.

그러면 경로 목록 화면이 나타나는데 여기서 '새로 만들기' 버튼을 눌러 Flutter의 경로를 추가한다.

그림 2.49 환경 변수 안의 '새로 만들기'를 누른다.

여기서 좀 전에 열어둔 'bin' 속성을 다시 연다.

그 안에 '위치'라는 항목에 쓰여 있는 문자열을 복사한다. **그림 2.50**의 경우 'C:\src\development\flutter'로 되어 있다.

그림 2.50 '위치'라는 항목에 쓰여 있는 문자열

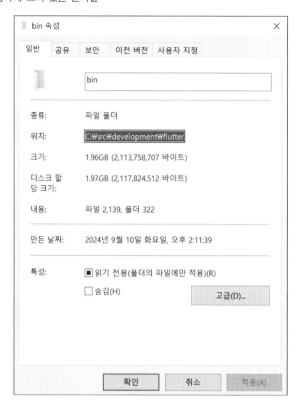

복사한 문자열을 새로 만들기로 나타난 행에 붙여 넣는다.

그림 2.51 새로 만들기

그리고 뒤에 '\bin'을 붙이고 Enter 를 누른다.

그림 2.52 뒤에 '\bin'을 붙인다.

여기까지가 끝났다면 '확인'을 눌러서 환경 변수명 편집 및 환경 변수 창을 닫는다. 이로써 경로가 지정(컴퓨터가 Flutter SDK가 있는 위치를 확인할 수 있게 됨)된 것이다!

2.3.4 PowerShell로 'flutter doctor'

그 다음은 경로가 잘 설정되었는지 확인하기 위해 'Windows PowerShell'이라는 애플리케이션을 연다.

그림 2.53 'Windows PowerShell'을 연다.

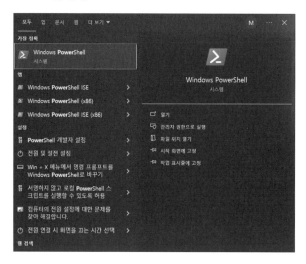

Windows PowerShell이 열리면 flutter doctor라는 커맨드를 입력하고 [Enter]를 누른다.

그림 2.54 Windows PowerShell에서 'flutter doctor'를 입력한다.

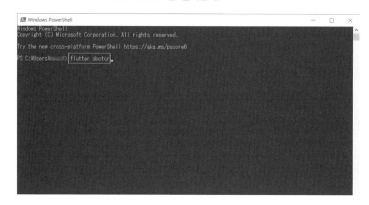

welcome to flutter가 표시되면 설정이 잘 된 것이다.

반대로 잘 되지 않았다면 **not found**라는 표시가 나타날 것이다. 좀 전에 경로를 저장할 때 경로명을 잘못 쓰지 않았는지 다시 한 번 확인하기 바란다.

그림 2.55 flutter doctor 결과

모든 환경 구축이 끝나면 flutter doctor에서 나온 오류가 사라진다. 이 시점에서는 Flutter의 경로가 제대로 설정되었는지만 확인하면 되므로 오류가 나와 있어도 상관없다.

앞으로의 작업에서는 이 flutter doctor에게 모두 체크를 하게 한다.

2.3.5 Android Studio 다운로드

다음으로 Android Studio를 다운로드한다.

공식 도큐먼트에 있는 Android Studio 링크를 클릭한다.

그림 2.56 Android Studio에 대한 링크

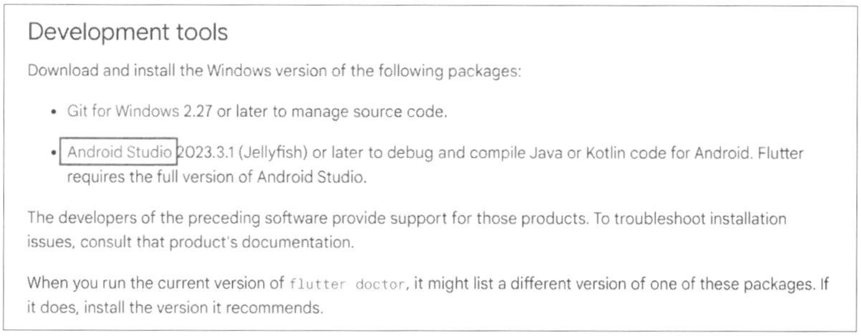

Development tools

Download and install the Windows version of the following packages:

- Git for Windows 2.27 or later to manage source code.
- Android Studio 2023.3.1 (Jellyfish) or later to debug and compile Java or Kotlin code for Android. Flutter requires the full version of Android Studio.

The developers of the preceding software provide support for those products. To troubleshoot installation issues, consult that product's documentation.

When you run the current version of `flutter doctor`, it might list a different version of one of these packages. If it does, install the version it recommends.

그리고 'Download Android Studio' 버튼을 눌러 Android Studio를 컴퓨터로 다운로드 한다.

그림 2.57 'Download Android Studio' 버튼을 누른다.

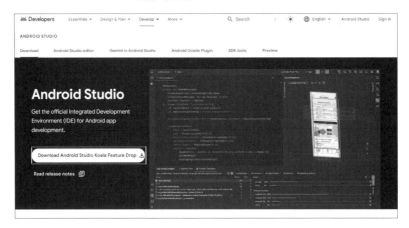

이용 규약에 대한 동의에 체크 표시를 하고 다운로드한다.

그림 2.58 이용 규약에 대한 동의에 체크 표시를 한다.

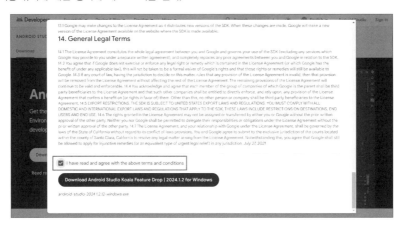

다운로드가 끝나면 exe 파일을 연다.

그림 2.59   Android Studio의 exe 파일을 연다.

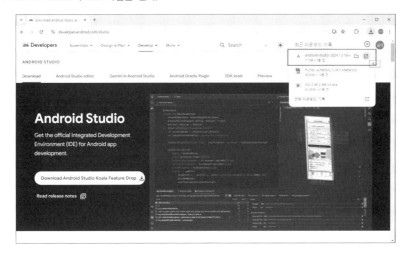

그러면 셋업 마법사가 시작되므로 기본적으로는 아무 것도 바꾸지 말고 'Next' 버튼을 눌러 진행한다.

그림 2.60   셋업 마법사

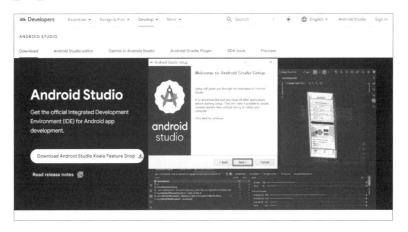

다운로드가 완료되면 마법사가 열린다. 열리지 않는 경우는 애플리케이션 목록에서 연다.

Data Sharing에 대해 물어보는데 어느 쪽으로 대답해도 문제없지만 Google에 정보 제공을 할 경우는 'Send usage statics to Google'을 클릭한다.

그림 2.61   Data Sharing

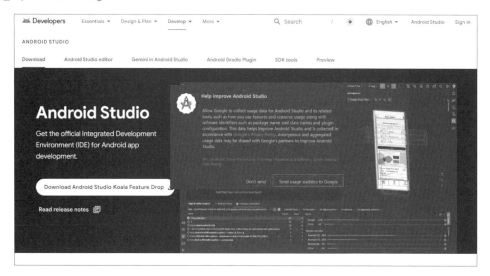

설정 화면이 열리면 'Next'로 진행한다.

그림 2.62   Android Studio 설정 화면

'Install Type'은 기본적으로 'Standard'로 해도 괜찮다.

그림 2.63 'Install Type' 선택

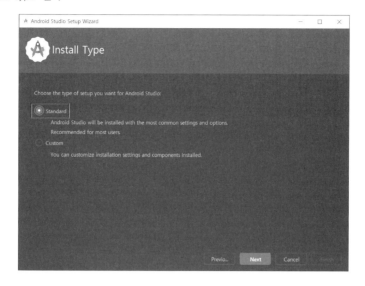

설정을 확인하는 화면에서 'Next'를 누른다.

그림 2.64 설정 확인

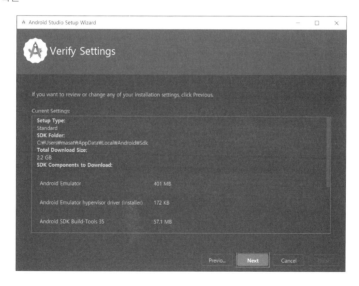

모든 라이선스에서 'Accept'를 선택하고 마지막에 'Finish'를 누른다.

그림 2.65 'Finish' 버튼을 누른다.

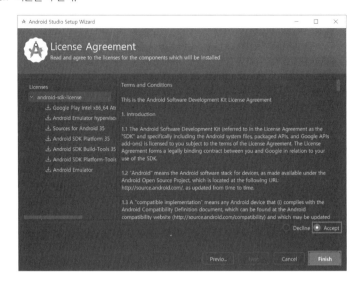

그러면 필요한 파일을 다운로드하므로 잠시 기다린다.

그림 2.66 Android Studio에 필요한 파일 다운로드

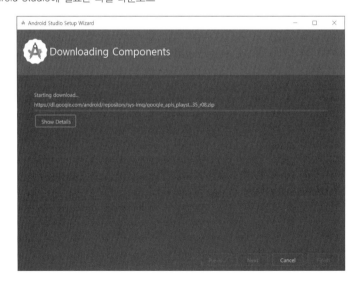

끝나면 다시 'Finish' 버튼을 눌러 완료한다.

그림 2.67 'Finish' 버튼을 누른다.

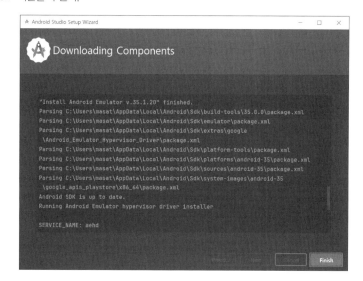

그림 2.68과 같은 화면이 열리면 설정이 끝난 것이다.

그림 2.68 Android Studio 설정 완료 화면

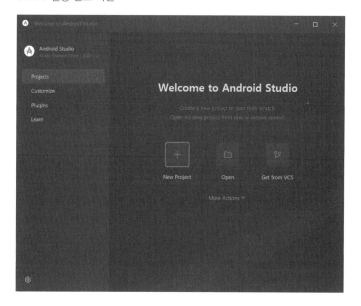

2.3.6 Android Studio에 Flutter 플러그인 넣기

현재 상태의 Android Studio는 Flutter를 지원하지 않으므로 Flutter 플러그인을 넣는다.
왼쪽 메뉴에서 'Plugins'를 선택한다.

그림 2.69 Android Studio에서 'Plugins'를 선택

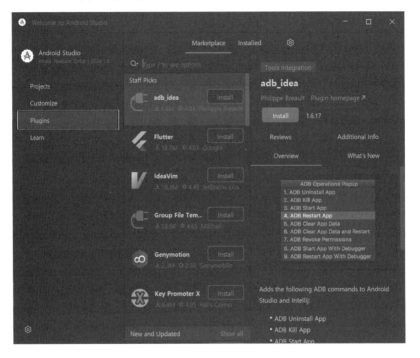

'Marketplace'에서 'Flutter'를 검색하고 'Install' 버튼을 누른다.

그림 2.70 ‘Flutter’를 인스톨

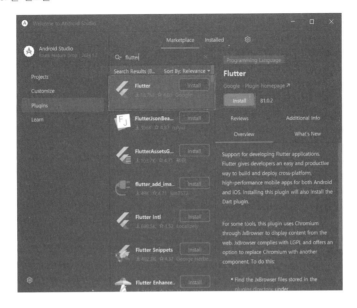

‘Plugins Notice’에 관한 대화상자가 나온 경우는 ‘Accept’를 누른다.

그림 2.71 ‘Plugins Notice’에 관한 대화상자

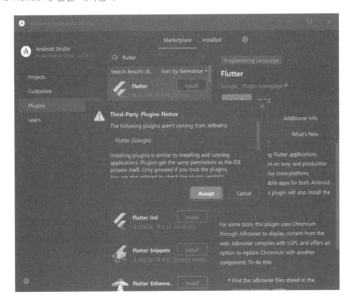

인스톨이 완료되면 ‘Restart IDE’ 버튼을 눌러 완료한다.

그림 2.72 'Restart IDE' 버튼을 누른다.

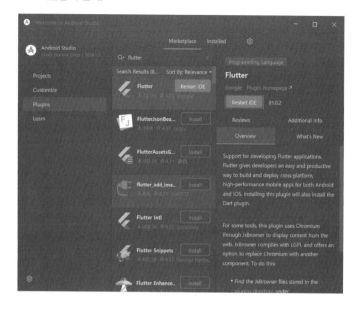

다시 시작할지 물어보면 다시 시작을 한다.

그림 2.73 다시 시작 대화상자

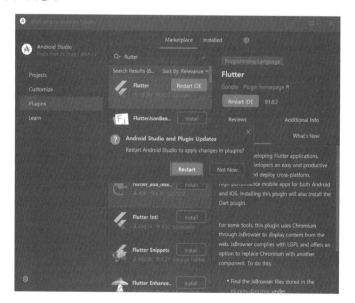

다시 시작을 하고 열었을 때 Flutter의 플러그인 인스톨이 반영되어 있다면 화면에 'New Flutter Project'가 표시될 것이다. 여기를 눌러 이제 Flutter 프로젝트를 만들어 보자.

그림 2.74 'New Flutter Project'를 누른다.

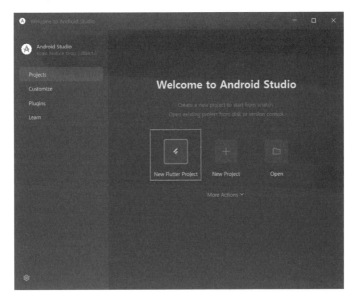

2.3.7 Flutter로 프로젝트 만들기

왼쪽 메뉴에서 'Flutter'를 선택한다.

Flutter SDK path 등은 기본값으로 설정되어 있을 가능성이 높으므로 지정되어 있지 않은 경우는 좀 전에 설정한 경로와 똑같은 디렉토리가 되도록 지정을 한다. 이 부분이 잘 되어 있지 않으면 Flutter 프로젝트로 제대로 인식을 하지 못하게 된다.

이 책의 경우 경로는 'C:\src\development\flutter'이다.

이상을 확인했다면 'Next' 버튼을 눌러 다음으로 넘어간다.

그림 2.75 왼쪽 메뉴에서 'Flutter'를 선택

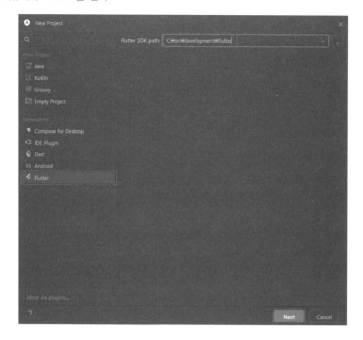

다음은 프로젝트의 상세 항목을 설정해 간다.

맨 위에 있는 'Project name'에는 원하는 프로젝트명을 지정한다. 지금부터 실제로 앱을 만드는 경우는 그 내용에 맞는 이름을 영어로 기입할 것을 권장한다.

위에서 두 번째에 있는 'Project location'은 이 앱의 프로젝트를 저장할 폴더를 말한다. 특별히 저장하고 싶은 폴더가 있는 경우에는 해당 폴더를 지정한다.

'Description'은 언제든지 바꿀 수 있으므로 지금은 신경 쓰지 않아도 괜찮다.

이상을 확인했다면 'Create' 버튼을 눌러 완료한다.

그림 2.76 'Project name'을 입력

프로젝트가 무사히 만들어지면 **그림 2.77**과 같은 기본 'main.dart' 파일이 표시될 것이다.

그림 2.77 'main.dart'가 표시된다.

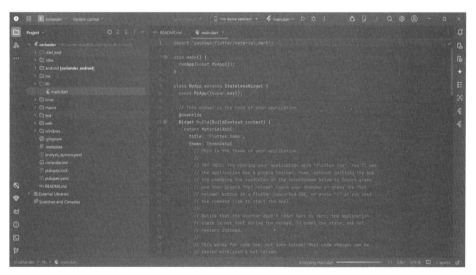

2.3.8 Android 에뮬레이터를 빌드

마지막으로 Android 에뮬레이터를 다운로드하여 컴퓨터 안에서도 스마트폰으로 디버깅할 수 있도록 한다. 오른쪽 위에 있는 스마트폰에 녹색 Android 캐릭터 마크가 있는 아이콘을 누른다. 그림 2.78의 오른쪽 위에 있는 스마트폰 버튼이다.

그림 2.78　디바이스 매니저 버튼을 누른다.

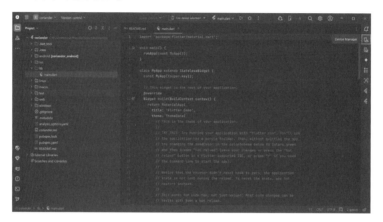

그러면 'Device Manager' 화면이 열린다. 여기서 + 버튼을 누르고, 'Create Virtual Device'를 누른다.

그림 2.79　'Create Virtual Device'를 누른다.

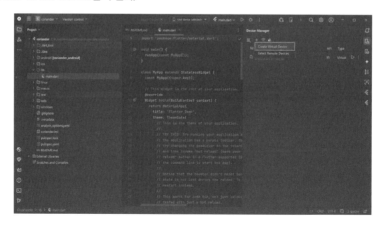

스마트폰 디바이스 목록이 나타나면 원하는 것을 선택하고 'Next'를 누른다.

그림 2.80 디바이스를 선택하고 'Next' 버튼을 누른다.

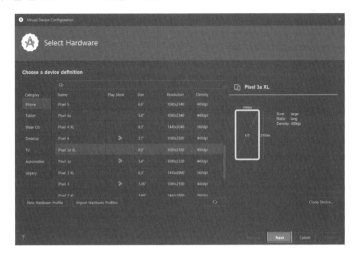

다음은 OS를 선택한다. 취향에 맞는 것을 선택해도 되지만 위에서 3번째 정도에 있는 것으로
해 두면 어느 정도 오래된 OS까지 지원할 수 있으므로 무난할 것이다.

여기까지 정했다면 'Download' 버튼을 누른다.

그림 2.81 OS를 다운로드한다.

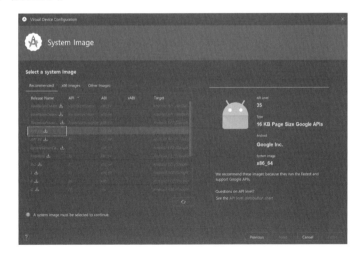

'Accept'에 체크 표시를 하고 'Next' 버튼을 누른다.

그림 2.82 'License Agreement'에 동의하고 'Next' 버튼을 누른다.

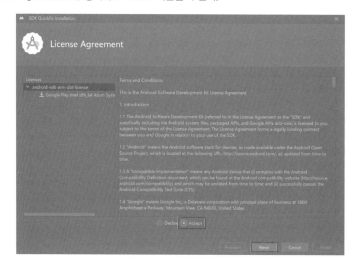

인스톨이 끝날 때까지 잠시 기다린다.

그림 2.83 인스톨 중

'Done'이 나오면 'Finish' 버튼을 눌러 끝낸다.

그림 2.84 인스톨 완료

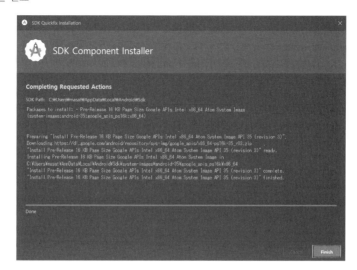

원래 화면으로 돌아오면 다운로드한 OS 옆에 'Download' 버튼이 사라져 있으므로 OS를 선택하고 'Next' 버튼을 누른다.

이로써 Android 에뮬레이터의 디바이스와 OS를 정할 수 있다.

그림 2.85 OS를 선택하고 'Next' 버튼을 누른다.

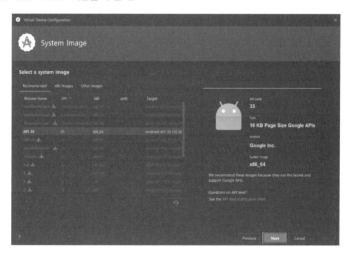

마지막 화면에서 내용을 확인하고 'Finish' 버튼을 눌러 끝낸다.

그림 2.86 'Finish' 버튼을 누른다.

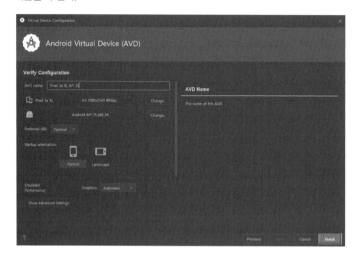

무사히 추가가 되면 'Device Manage'에 표시된다.

그림 2.87 에뮬레이터가 표시된다.

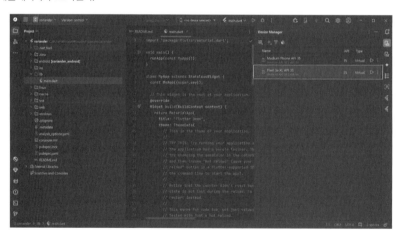

오른쪽에 있는 재생 버튼과 같은 삼각형 버튼을 눌러 시작해 보자.

그림 2.88 　시작 버튼을 누른다.

　무사히 시작되면 **그림 2.89**와 같이 표시된다.

그림 2.89 　에뮬레이터가 시작된다.

　마지막으로 이 디바이스에 대해 앱을 빌드한다. **그림 2.90**에서 네모로 둘러싼 영역이 디바이스
를 지정하는 곳이다. 좀 전에 인스톨한 것을 지정해 보자(이름은 조금 다를 수 있지만 'Android
Emulator'라는 것을 분명히 알 수 있으므로 그것을 선택한다).

　그리고 오른쪽에 있는 재생 버튼을 눌러 빌드한다.

그림 2.90 에뮬레이터에 대해 빌드 버튼을 누른다.

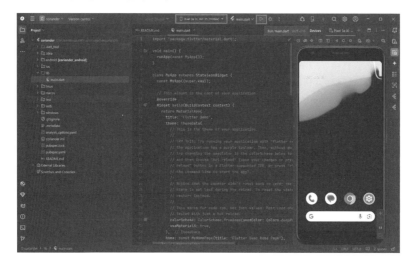

빌드가 될 때까지 잠시 기다리면 그림 2.91의 왼쪽과 같이 기본 카운트 앱이 시작된다!

그림 2.91 에뮬레이터에 기본 카운터 앱이 무사히 표시된다.

이것으로 Windows 환경 구축은 모두 끝난 것이다!!

제 **3** 장

Flutter로
화면을 만들어 보자

제2장에서 환경 구축이 끝났다면 Flutter를 사용하여 앱을 만드는 일만 남았다. 사실 환경 구축의 허들에 비교하면 Flutter로 화면을 구성하는 일은 간단하다. 이 장에서는 그 간단함을 직접 체험해 보기 바란다.

3.1 Widget의 기본 사용법

Flutter 앱 개발에서 Widget이란 화면을 만들어 가는 부품을 말한다. 이 섹션에서는 Flutter의 특징인 Widget의 구체적인 사용법에 대해 배운다.

3.1.1 Widget의 종류

Widget에는 다양한 종류가 있다. 분류 방법은 제각각이지만 이번에는 디자인 취향으로 나누는 방법을 소개하고 그 외 다른 패턴도 몇 가지 소개하겠다.

3.1.2 디자인 취향으로 나누는 Widget의 종류

디자인 취향으로 나누는 경우 Widget에는 Android 앱다운 'Material' 계통의 Widget과 iOS 앱다운 'Cupertino' 계통의 Widget이 있다.

각각 Android에서만 사용해야 한다, iOS에서만 사용해야 한다는 규정이 있는 것은 아니지만 Android 네이티브인 Kotlin이나 Java로 개발했을 때 기본으로 마련되어 있는 Widget이 Material 디자인에 맞춘 디자인이므로 그와 비슷한 계통의 Widget을 사용하면 지금까지의 Android 앱과 똑같은 외관을 만들 수 있다.

Flutter는 iOS와 Android 둘 다를 만들 수 있는 크로스 플랫폼 지원 프레임워크이기 때문에 Android답게 만들었어도 iOS 앱에 그대로 적용하여 배포할 수 있으며 그 반대도 마찬가지이다. 그런 의미에서 어떤 취향으로 통일해 갈지를 생각해 둘 필요가 있다.

♪ Material 계통의 Widget을 사용한 샘플

Flutter 프로젝트를 만들어 처음에 나타나는 카운터 앱은 Material 계통의 Widget을 사용한 샘플이다.

알기 쉬운 특징으로는 그림 3.1의 오른쪽 아래에 있는 버튼과 같이 음영이 있는 버튼 디자인이다. Material이라는 이름에서 알 수 있듯이 현실의 소재를 의식한 디자인으로 종이 위에 물질이 겹쳐 있는 모습을 음영으로 표현하고 있다.

그림 3.1 카운터 앱의 FloatingActionButton

다음 코드는 그림 3.1의 스크린샷 코드이다. MaterialApp 안에 Scaffold가 있고 Floating ActionButton과 같은 Material 특유의 Widget을 사용하고 있다(특별히 여기서 코드를 이해할 필요는 없다!).

```dart
import 'package:flutter/material.dart';

class MaterialSampleApp extends StatelessWidget {
  const MaterialSampleApp({super.key});

  @override
  Widget build(BuildContext context) {
    return MaterialApp(
      title: 'Flutter Demo',
      theme: ThemeData(
        colorScheme: ColorScheme.fromSeed(seedColor: Colors.deepPurple),
        useMaterial3: true,
      ),
      home: const MyHomePage(),
    );
  }
}
```

```
class MyHomePage extends StatefulWidget {
  const MyHomePage({super.key});

  @override
  State<MyHomePage> createState() => _MyHomePageState();
}

class _MyHomePageState extends State<MyHomePage> {
  int _counter = 0;

  void _incrementCounter() {
    setState(() {
      _counter++;
    });
  }

  @override
  Widget build(BuildContext context) {
    return Scaffold(
      appBar: AppBar(
        backgroundColor:Theme.of(context).colorScheme.inversePrimary,
        title: const Text('Flutter Demo Home Page'),
      ),
      body: Center(
        child: Column(
          mainAxisAlignment: MainAxisAlignment.center,
          children: <Widget>[
            const Text(
              'You have pushed the button this many times:',
            ),
            Text(
              '$_counter', style: Theme.of(context).textTheme.headlineMedium,
            ),
          ],
        ),
      ),
```

```
    floatingActionButton: FloatingActionButton(
      onPressed: _incrementCounter,
      tooltip: 'Increment',
      child: const Icon(Icons.add),
    ),
  );
 }
}
```

Cupertino 계통의 Widget을 사용한 샘플

이제 좀 전의 카운터 앱을 iOS다운 디자인인 Cupertino 계통의 디자인으로 바꿔 보자. 이 경우 MaterialApp 대신에 CupertinoApp을 사용하고 Scaffold 대신에 CupertinoPageScaffold를 사용하게 된다.

CupertinoPageScaffold에는 floatingActionButton 파라미터가 없기 때문에 버튼이 겹치는 듯한 디자인을 직접 만들지 않는 한 간단히 오른쪽 아래에 버튼을 띄우게 할 수 없다[1].

Cupertino 계통으로 디자인할 경우는 그림 3.2와 같이 숫자를 표시하고 있는 UI 아래에 플러스 버튼을 그대로 배치하는 것이 자연스럽다.

그림 3.2 Cupertino 계통의 버튼

---

[1] 파라미터란 Widget이 어떤 것인지를 나타내는 정보를 말한다.

현재의 Cupertino 계통 Widget은 플랫 디자인을 기본으로 하고 있다. 그러나 iOS도 버전별로 디자인을 업데이트하고 있으므로 iOS가 모두 플랫 디자인이라고 일률적으로 말할 수는 없다.

원래 iOS가 답습했던 플랫 디자인에는 음영이 없었지만 이 책을 집필하던 2023년 10월 현재의 iOS17에서는 음영을 사용하여 중첩을 표현하고 있다.

🎵 어느 쪽을 사용해야 할까?

Widget의 종류는 Material 계통 Widget 쪽이 더 풍부하기 때문에 Android와 iOS를 둘 다 Material 계통 Widget을 사용하여 개발하는 경우가 많다.

이 책에서도 MaterialApp 계통의 Widget을 사용하여 설명하겠다.

3.1.3 기타 분류 방법

Widget은 다음과 같이 분류할 수도 있다.

- 화면 레이아웃을 구성하기 위해 화면에 표시되는 Widget
- 화면 레이아웃을 구성하지만 자신은 화면에 표시되지 않는 Widget
- 버튼과 같이 모양 이외의 기능을 갖고 있는 Widget

3.1.4 화면 레이아웃을 구성하기 위해 화면에 표시되는 Widget

기본 카운터 앱에도 들어 있는 Scaffold나 Text는 모양을 디자인하기 위한 화면 위에 실제로 표시되는 Widget이다.

3.1.5 화면 레이아웃을 구성하지만 자신은 화면에 표시되지 않는 Widget

Center나 Column은 Widget을 레이아웃하기 위한 화면상에는 표시되지 않는 Widget이다[2].

3.1.6 버튼과 같이 모양 이외의 기능을 갖고 있는 Widget

ElevatedButton과 같은 버튼 계열 Widget이나 TextField와 같은 입력 계열 Widget 등 사용자

---

[2] Widget은 종류에 따라 자식 Widget을 가질 수 있다. 마트료시카 인형처럼 Widget 안에 Widget, 그 안에 또 Widget과 같이 Widget을 내포시켜 갈 수 있다.

에게 어떤 동작을 시키기 위한 Widget도 있다. 이러한 Widget이 화면 레이아웃을 구성하기 위한 Widget과 다른 점은 Dart로 코드 로직을 쓸 수 있다는 점이다.

예를 들어 화면 오른쪽 아래에 떠 있는 듯한 버튼 Widget인 FloatingActionButton의 경우 onPressed라는 파라미터를 추가하여 코드 로직을 쓸 수가 있다.

다음 코드에서는 onPressed 안에 (){}라는 함수가 들어 있고 안에 있는 {}에 counter 수를 1 증가시키기 위한 코드 로직이 쓰여 있다.

그 안에는 Dart 코드를 쓸 수 있다. FloatingActionButton의 onPressed의 경우 **버튼을 눌렀을 때 실행되는 코드**를 쓸 수 있는 것이다.

```
floatingActionButton: FloatingActionButton(
  onPressed: () {
    setState(() {
      _counter++;
    });
  },
  child: const Icon(Icons.add),
  ),
);
```

필자의 감각으로는 Widget 자체는 Flutter가 마련해 준 화면을 구성하기 위한 퍼즐이며 그 퍼즐 안에는 Dart를 실행할 수 있는 기능을 가진 것이 있다고 생각하면 좋을 듯하다. 어디까지나 Widget을 퍼즐이라고 생각하면 프로그래밍이라고 생각하기보다 더 간단히 뭔가를 할 수 있을 것이다.

이 섹션에서는 Dart 코드를 쓸 수 있는 Widget의 등장은 가능한 한 피하고 단순히 레이아웃을 구성해서 화면에 표시되는 Widget과 그를 서포트하는 Widget에만 포커스를 맞춰서 설명한다. 이로써 **일단은 퍼즐에 포커스를 맞추고** Dart 코드를 쓸 수 있는 Widget은 제5장에서 다시 등장하므로 그때를 기대하자.

3.1.7 Widget 장착의 기본

이제부터는 Widget의 기초에 대해 배울 것이다. 환경 구축에서 만든 프로젝트와 대조하면서 값을 바꾸거나 해보면 좀 더 깊이 이해할 수 있다.

Widget에는 각각의 Widget별로 파라미터가 미리 마련되어 있어서 색을 바꾸거나 크기를 조절하거나 Widget을 추가하는 작업을 할 때 모두 Widget이 갖고 있는 파라미터에 값을 써 간다. 파라미터란 Widget이 어떤 것인지를 나타내는 정보를 말한다.

예를 들어 그림 3.3의 화면은 다음과 같은 코드로 구성되어 있다.

그림 3.3   화면 예

```
Scaffold(
  backgroundColor: Colors.yellow,
  body: Center(
    child: Text(
      'Welcome to KBOYs Flutter University!!',
      style: TextStyle(color: Colors.blue),
    ),
  ),
);
```

각각 다음과 같이 파라미터에 필요한 Widget을 설정한다.

- Scaffold: ① backgroundColor 파라미터로 배경색을 노란색으로 설정
         ② body 파라미터로 Center를 설정
- Center: child 파라미터로 Text를 설정

- Text: style 파라미터로 TextStyle을 설정
- TextStyle: color 파라미터로 글자색을 파란색으로 설정

때문에 Widget을 파악하는 것과 해당 Widget이 어떤 파라미터를 갖고 있고 어떤 동작을 하는지를 파악하는 것이 매우 중요하다.

참고로 파라미터는 'body', 'child', 'appBar'와 같이 소문자로 시작한다. 이를 로우어카멜케이스(lowerCamelCase)라고 부른다. 소문자로 시작하여 울룩불룩한 낙타 등처럼 연결하는 방법이다. 'lower'는 소문자로 시작하고 'Camel'과 'Case'와 같이 그 다음에 나오는 하나하나의 단어는 대문자로 시작한다. 가끔씩 대문자가 나옴으로써 울룩불룩한 모양이 되므로 'Camel(낙타)'이라고 표현하게 된 것이다.

또 Widget은 'Text', 'Container'와 같이 대문자로 시작하는 'UpperCamelCase'라는 규칙도 마련되어 있다. 파라미터와의 차이점은 대문자로 시작한다는 점이다. 이렇게 소문자인지 대문자인지라는 쓰기 규칙을 제대로 마스터하면 초보자 느낌이 사라지므로 이 책의 독자 여러분도 꼭 마스터하기 바란다.

Android Studio의 경우 키보드에서 Ctrl + Space 를 누르면 그림 3.4와 같이 추가 가능한 파라미터를 확인할 수 있다. 각 Widget에 마련되어 있는 파라미터는 다르다는 점에 주의하자[*3].

그림 3.4 추가 가능한 파라미터를 표시

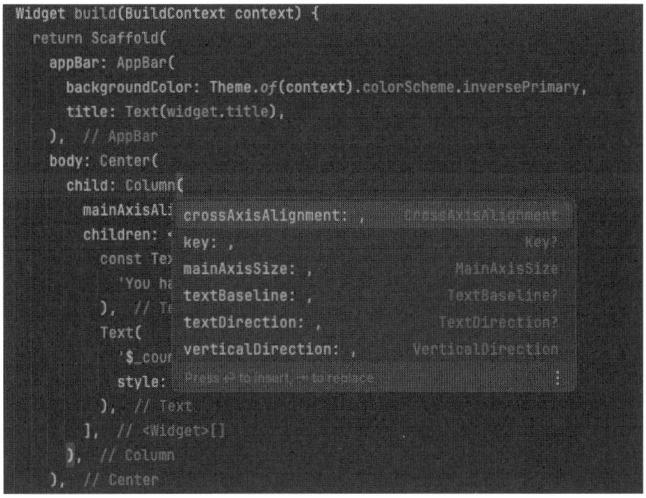

[*3] US 키보드를 사용하는 등의 이유로 문자 변환이 일어나는 사람은 '시스템 설정→키보드→키보드 단축기→입력 소스→이전 입력 소스를 선택'에 체크 표시를 해제하고 완료를 누른 후 '다시 시작'하기 바란다.

Q&A에서 'Column에 child를 썼는데 오류가 나온다'는 질문을 많이 받는다. 익숙해지면 '당연히 그렇지!'라고 생각하게 되지만 처음에는 어떻게 해야 할지 몰라 당황할 것이다. 프로그래밍이 마법처럼 보이기 때문이다. 이 질문에 대한 답은 프로그래밍 언어도 누군가가 만든 것이므로 마련되어 있지 않는 것은 쓸 수 없다는 것이다.

본 주제로 돌아가서 각각의 Widget에는 쓸 수 있는 파라미터, 쓸 수 없는 파라미터가 있으므로 주의하기 바란다. 'Column'이나 'Row'는 여러 요소를 가로나 세로로 나열하는 Widget이므로 'child(자식)'이 아니라 'children(자식들)'이 파라미터가 된다. 또 'Text'에는 문자를 넣을 수 있지만 'Center'에는 넣을 수 없다.

3.1.8 Widget 장착

Widget의 기본을 알았으면 이제 프로젝트를 새로 만들었을 때의 카운터 앱을 기반으로 Widget을 장착시켜 보자.

프로젝트 작성 시의 초기 코드와 화면은 다음과 같다(Flutter 3.24.2(2024년 9월 9일 현재)).

```
import 'package:flutter/material.dart';
main() {
  runApp(const MyApp());
}
MyApp extends StatelessWidget {
  const MyApp({super.key});

  // This widget is the root of your application.
  @override
  Widget build(BuildContext context) {
    return MaterialApp(
      title: 'Flutter Demo',
      theme: ThemeData(
        // This is the theme of your application.
        //
        // TRY THIS: Try running your application with "flutter run". You'll see
        // the application has a purple toolbar. Then, without quitting the app,
        // try changing the seedColor in the colorScheme below to Colors.green
        // and then invoke "hot reload" (save your changes or press the "hot
```

```
    // reload" button in a Flutter-supported IDE, or press "r" if you used
    // the command line to start the app).
    //
    // Notice that the counter didn't reset back to zero; the application
    // state is not lost during the reload. To reset the state, use hot
    // restart instead.
    //
    // This works for code too, not just values: Most code changes can be
    // tested with just a hot reload.
    colorScheme: ColorScheme.fromSeed(seedColor: Colors.deepPurple),
    useMaterial3: true,
   ),
   home: const MyHomePage(title: 'Flutter Demo Home Page'),
  );
 }
}
MyHomePage extends StatefulWidget {
 const MyHomePage({super.key, required this.title});

 // This widget is the home page of your application. It is stateful, meaning
 // that it has a State object (defined below) that contains fields that affect
 // how it looks.

 // This class is the configuration for the state. It holds the values (in this
 // case the title) provided by the parent (in this case the App widget) and
 // used by the build method of the State. Fields in a Widget subclass are
 // always marked "final".

 final String title;

 @override
 State<MyHomePage> createState() => _MyHomePageState();
}
_MyHomePageState extends State<MyHomePage> {
 int _counter = 0;

 void _incrementCounter() {
```

```
  setState(() {
    // This call to setState tells the Flutter framework that something has
    // changed in this State, which causes it to rerun the build method below
    // so that the display can reflect the updated values. If we changed
    // _counter without calling setState(), then the build method would not be
    // called again, and so nothing would appear to happen.
    _counter++;
  });
}

@override
Widget build(BuildContext context) {
  // This method is rerun every time setState is called, for instance as done
  // by the _incrementCounter method above.
  //
  // The Flutter framework has been optimized to make rerunning build methods
  // fast, so that you can just rebuild anything that needs updating rather
  // than having to individually change instances of widgets.
  return Scaffold(
    appBar: AppBar(
      // TRY THIS: Try changing the color here to a specific color (to
      // Colors.amber, perhaps?) and trigger a hot reload to see the AppBar
      // change color while the other colors stay the same.
      backgroundColor: Theme.of(context).colorScheme.inversePrimary,
      // Here we take the value from the MyHomePage object that was created by
      // the App.build method, and use it to set our appbar title.
      title: Text(widget.title),
    ),
    body: Center(
      // Center is a layout widget. It takes a single child and positions it
      // in the middle of the parent.
      child: Column(
        // Column is also a layout widget. It takes a list of children and
        // arranges them vertically. By default, it sizes itself to fit its
        // children horizontally, and tries to be as tall as its parent.
        //
```

```
      // Column has various properties to control how it sizes itself and
      // how it positions its children. Here we use mainAxisAlignment to
      // center the children vertically; the main axis here is the vertical
      // axis because Columns are vertical (the cross axis would be
      // horizontal).
      //
      // TRY THIS: Invoke "debug painting" (choose the "Toggle Debug Paint"
      // action in the IDE, or press "p" in the console), to see the
      // wireframe for each widget.
      mainAxisAlignment: MainAxisAlignment.center,
      children: <Widget>[
        const Text(
          'You have pushed the button this many times:',
        ),
        Text(
          '$_counter',
          style: Theme.of(context).textTheme.headlineMedium,
        ),
      ],
    ),
  ),
  floatingActionButton: FloatingActionButton(
    onPressed: _incrementCounter,
    tooltip: 'Increment',
    child: const Icon(Icons.add),
  ), // This trailing comma makes auto-formatting nicer for build methods.
 );
 }
}
```

좀 전의 코드에서 주석(//가 왼쪽에 있는 것으로 실행은 하지 않지만 주석으로만 달 수 있는 것)을 삭제하면 다음 코드가 된다.

```
import 'package:flutter/material.dart';
main() {
```

```dart
  runApp(const MyApp());
}
MyApp extends StatelessWidget {
  const MyApp({super.key});

  @override
  Widget build(BuildContext context) {
    return MaterialApp(
      title: 'Flutter Demo',
      theme: ThemeData(
        colorScheme: ColorScheme.fromSeed(seedColor: Colors.deepPurple),
        useMaterial3: true,
      ),
      home: const MyHomePage(title: 'Flutter Demo Home Page'),
    );
  }
}
MyHomePage extends StatefulWidget {
  const MyHomePage({super.key, required this.title});

  final String title;

  @override
  State<MyHomePage> createState() => _MyHomePageState();
}
_MyHomePageState extends State<MyHomePage> {
  int _counter = 0;

  void _incrementCounter() {
    setState(() {
      _counter++;
    });
  }

  @override
  Widget build(BuildContext context) {
```

```
    return Scaffold(
      appBar: AppBar(
        backgroundColor: Theme.of(context).colorScheme.inversePrimary,
        title: Text(widget.title),
      ),
      body: Center(
        child: Column(
          mainAxisAlignment: MainAxisAlignment.center,
          children: <Widget>[
            const Text(
              'You have pushed the button this many times:',
            ),
            Text(
              '$_counter',
              style: Theme.of(context).textTheme.headlineMedium,
            ),
          ],
        ),
      ),
      floatingActionButton: FloatingActionButton(
        onPressed: _incrementCounter,
        tooltip: 'Increment',
        child: const Icon(Icons.add),
      ),
    );
  }
}
```

이후는 이 코드를 베이스로 변경을 하면서 Widget에 대해 설명하겠다.

Scaffold

FlutterOutline에서 Widget 트리를 확인해 보자.

그림 3.5 Widget 트리

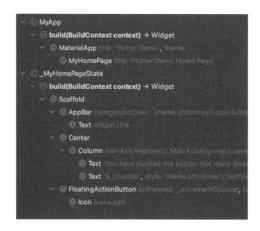

　참고로 이 FlutterOutline의 Widget 트리는 Android Studio의 경우 오른쪽에 기본으로 마련되어 있으므로 그곳을 클릭하여 연다.

그림 3.6 Widget 트리가 있는 곳

　Widget 트리를 보면 Scaffold라는 Widget에서 Center, AppBar, FloatingActionButton Widget으로 트리가 파생되어 있을 것이다. 이 구조를 생각하면서 Widget을 구성하면 보다 알기 쉽다.

　다음은 좀 전의 코드를 살펴보자.

```
Scaffold(
  appBar: AppBar(
    backgroundColor: Theme.of(context).colorScheme.inversePrimary,
    title: Text(widget.title),
  ),
  body: Center(
    // 생략
  ),
  floatingActionButton: FloatingActionButton(
    //생략
  ),
);
```

Scaffold 안에서 appBar, body, floatingActionButton에 각각 Widget을 배치하고 있다는 것을 알 수 있다.

그리고 이 Widget들은 실제로 화면상에서 그림 3.7과 같이 대응한다.

그림 3.7 Widget의 대응도

이 appBar나 body 등을 Scaffold의 파라미터라고 한다. 각 Widget에는 각각의 파라미터가 마련되어 있어서 거기에 Widget을 적용하여 커스터마이징을 할 수 있다.

주의할 점은 마련되어 있는 파라미터만 사용할 수 있으므로 모든 Widget에 대해 뭐든지 커스터마이징할 수 있는 것은 아니라는 점이다. 하고 싶은 커스터마이징에 맞춰 Widget을 선택하고 Widget을 조합하여 화면을 만들어 가는 것이다.

Scaffold는 이와 같이 앱의 기본적인 화면의 레이아웃을 구성해 주는 기능을 갖고 있으므로 사용 빈도가 매우 높은 Widget이다. 처음에는 너무 깊이 생각하지 말고 화면을 만들 때는 우선 Scaffold를 사용해두면 문제없을 것이다.

β AppBar

계속해서 AppBar라는 Widget을 변경하여 앱의 타이틀 부분을 커스터마이징 해 보자.
그림 3.8의 부분이다.

그림 3.8　AppBar

AppBar 안의 `title` 파라미터 안에 있는 `Text`의 내용을 변경해보자.

```
Scaffold(
  appBar: AppBar(
    backgroundColor: Theme.of(context).colorScheme.inversePrimary,
    title: Text(widget.title),
  ),
  // 생략
);
```

위 코드를 다음과 같이 변경하면 타이틀이 'Flutter 대학'이 된다.

```
Scaffold(
  appBar: AppBar(
    backgroundColor: Theme.of(context).colorScheme.inversePrimary,
    title: Text('Flutter 대학'),
  ),
```

```
    // 생략
);
```

그림 3.9   AppBar 타이틀이 'Flutter 대학'으로 바뀐다.

또한 AppBar에 아이콘을 추가해 보자. 다음과 같이 actions 파라미터에 Icon을 2개 추가한다.

```
appBar: AppBar(
  backgroundColor: Theme.of(context).colorScheme.inversePrimary,
  title: Text('Flutter 대학'),
  actions: [
    Icon(Icons.add),
    Icon(Icons.share),
  ],
),
```

그러면 그림 3.10과 같이 오른쪽에 2개의 아이콘이 나열된다.

그림 3.10   AppBar 오른쪽에 아이콘이 2개 나열된다.

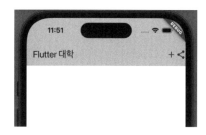

이번에는 Icon을 나열했지만 TextButton이나 Text Widget도 추가할 수 있으므로 나중에 시험해 보기 바란다.

Column

다음은 Scaffold의 body 파라미터의 내용을 변경하면서 Column이라는 Widget을 소개하겠다. body 부분은 현재 다음과 같이 되어 있다.

```
body: Center(
  child: Column(
    mainAxisAlignment: MainAxisAlignment.center,
    children: <Widget>[
      Text(
        'You have pushed the button this many times:',
      ),
      Text(
        '$_counter',
        style: Theme.of(context).textTheme.headlineMedium,
      ),
    ],
  ),
),
```

표시는 그림 3.11과 같이 된다.

그림 3.11 body 부분 표시

지금은 You have pushed the button this many times:라고 쓰여 있는 Text와 0이라고 쓰여 있는 Text, 이 2개의 Text Widget이 Column 안에 들어 있고 세로로 배치되어 있다.

이처럼 Column은 여러 개의 Widget을 세로로 나열하여 배치할 때 사용하는 Widget으로 이것도 매우 많이 사용한다.

이것을 다음과 같이 변경하면 그림 3.12와 같이 된다.

```
body: Center(
  child: Column(
    mainAxisAlignment: MainAxisAlignment.center,
    children: <Widget>[
      Text(
        'KBOY의 설명은 이해하기 쉬워',
      ),
      Text(
        '↑맞아',
      ),
    ],
  ),
),
```

그림 3.12 텍스트를 변경

여러 개의 Widget을 ,(콤마)로 구분하여 배치해 보자.

참고로 Column의 파라미터에서 mainAxisAlignment: MainAxisAlignment.center 부분은 중앙으로 정렬한다는 뜻을 갖고 있다.

이것을 MainAxisAlignment.start로 변경해보면 그림 3.13과 같이 위쪽으로 정렬된다.

그림 3.13 위쪽 정렬

그 외에도 MainAxisAlignmen에는 다른 종류가 많으므로 이것도 여러 가지 시험해 보기 바란다.

Row

다음은 Column과 비슷한 Row에 대해 소개하겠다.

좀 전의 `Column` 부분을 Row로 변경해 보자. 코드는 다음과 같다.

```
body: Center(
  child: Row(
    mainAxisAlignment: MainAxisAlignment.center,
    children: <Widget>[
      Text(
        'KBOY의 설명은 이해하기 쉬워',
      ),
      Text(
        '↑맞아',
      ),
    ],
  ),
),
```

그러면 프리뷰가 그림 3.14와 같이 바뀐다.

그림 3.14 Row 사용

좀 전에는 세로로 나열되었던 것이 가로로 나열된다.

이와 같이 세로로 나열할 때와 가로로 나열할 때에 맞춰 사용하자.

- Column은 여러 개의 Widget을 세로로 나열하여 배치할 수 있는 Widget
- Row는 가로로 나열하여 배치할 수 있는 Widget

Padding

다음은 주위에 여백을 만드는 Widget인 Padding을 소개하겠다.

지금은 글자가 화면 옆 끝까지 뻗어 있어서 좀 볼품이 없다. 주위에 적당한 여백을 만들어 보기 좋게 만들어 보자.

이때 사용하는 것이 Padding이다.

Row 왼쪽에 커서를 갖다 대고 키보드로 option + Enter 를 누른다. 그러면 위에서부터 간단히 Widget을 둘러쌀 수 있다. 여기서 'Wrap with Padding'을 선택한다.

그림 3.15 'Wrap with Padding'을 누른다.

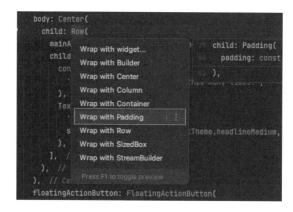

둘러쌌다면 그림 3.16과 같이 될 것이다. 일단 왼쪽 여백이 8.0이라는 것을 확인할 수 있다.

그림 3.16 왼쪽 여백이 8.0인 화면

여백을 좀 더 두고 싶은 경우는 Padding 안의 padding 파라미터의 EdgeInsets.all(8.0)에서 8.0을 더 큰 수로 지정하면 된다.

예를 들어 32로 지정하면 그림 3.17과 같이 된다[4].

---

[4] 32는 필자의 나이가 아니다. 여백은 4의 배수로 표현하는 경우가 많다.

그림 3.17 　왼쪽 여백을 32.0으로 한 경우

Container

이번에는 좀 전과 똑같이 Padding을 Container로 묶어 보자.
코드는 다음과 같다.

```
body: Center(
  child: Container(
    child: Padding(
      padding: const EdgeInsets.all(32),
      child: Row(
        mainAxisAlignment: MainAxisAlignment.center,
        children: <Widget>[
          Text(
            'KBOY의 설명은 이해하기 쉬워',
          ),
          Text(
            '↑맞아',
          ),
        ],
      ),
    ),
  ),
```

```
    ),
  ),
```

여기서 Container의 color 파라미터를 건드려 색을 빨갛게 만들어 보자.

```
body: Center(
  child: Container(
    color: Colors.red,
    child: Padding(
      // 생략
    ),
  ),
),
```

그림 3.18 배경색을 빨간색으로 만든다.

참고로 Container에는 width(폭)나 height(높이)와 같이 크기를 지정하는 파라미터도 있다.
예를 들어 height를 400으로 지정하려면 다음과 같이 한다.

```
body: Center(
  child: Container(
```

```
    color: Colors.red,
    height: 400,
    child: Padding(
      // 생략
    ),
  ),
),
```

그림 3.19   height를 400으로 지정

빨간색 부분의 높이가 바뀔 것이다. Container는 빨간색 부분이므로 이 Container는 높이가 400으로 높아진다.

참고로 `height: double.infinity`로 지정하면 높이는 화면 최대가 되어 화면 모두가 빨갛게 바뀐다.

그림 3.20 height: double.infinity

width도 똑같은 요령으로 변경할 수 있으므로 한번 시험해 보기 바란다.

3.2 화면 전환

여기까지 파라미터를 조금씩 바꾸어 화면의 모양을 바꿀 수 있게 되었을 것이다.

다음은 화면에서 화면으로 전환을 해보자.

예를 들어 X(구 Twitter)와 같은 앱은 모두의 게시를 보는 피드 화면과 자신이 게시하는 화면이 다른 화면이므로 피드 화면에서 버튼을 눌러 게시 화면으로 전환한다. 이렇게 화면에서 화면으로 이동하는 것을 '화면 전환'이라고 한다.

이번에는 이 화면 전환을 배워 보겠다.

3.2.1 코드 정리

앞의 코드에 이어서 진행하겠지만 여러 가지 Widget을 배치하여 좀 복잡해졌으므로 `Widget build(BuildContext context)` 함수 부분의 코드만 따로 떼어 심플하게 정리해 보자.

코드는 다음과 같다.

```
@override
Widget build(BuildContext context) {
  return Scaffold(
    appBar: AppBar(
      backgroundColor: Theme.of(context).colorScheme.inversePrimary,
      title: Text('Flutter 대학'),
    ),
    body: Center(
      child: Container(),
    ),
    floatingActionButton: FloatingActionButton(
      onPressed: _incrementCounter,
      tooltip: 'Increment',
      child: Icon(Icons.add),
    ),
  );
}
```

화면은 그림 3.21와 같은 상태가 된다.

그림 3.21 body를 일단 깨끗하게 정리

여기서부터 커스터마이징을 해 간다.

3.2.2 버튼 배치

먼저 버튼을 누르면 화면이 전환되는 코드를 쓴다.

다음 부분의 코드를 변경한다.

```
body: Center(
  child: Container(),
),
```

다음과 같이 Container에서 ElevatedButton으로 변경을 해 본다. onPressed 파라미터에는
(){}라는 괄호를 적는다.

```
child: ElevatedButton(
  child: Text('다음'),
  onPressed: (){},
),
```

그러면 그림 3.22와 같이 버튼이 표시된다.

그림 3.22 ElevatedButton을 표시

계속해서 버튼을 눌렀을 때 호출되는 코드를 쓴다.

먼저 코드를 알기 쉽도록 주석을 써 둔다.

```
child: ElevatedButton(
  child: Text('다음'),
  onPressed: () {
    // 여기에 버튼을 눌렀을 때 호출되는 코드를 쓴다
  },
),
```

//를 쓰면 그 행에 쓰는 내용은 코드로 인식하지 않는다. 메모를 할 때 편리하다. 이번에는 여기에 무엇을 쓸지를 정리하면서 코드를 쓰기 위해 '**// 여기에 버튼을 눌렀을 때 호출되는 코드를 쓴다**'는 주석을 달아 놓았다.

나중에 이 부분에 **화면 전환**을 지시하는 코드를 쓸 것이다.

그럼 일단 버튼의 코드는 여기서 멈추고 전환 후의 화면을 만들어 보자.

3.2.3 화면 작성

새로운 Dart 파일을 만든다.

lib 디렉토리 안에 마우스를 대고 오른쪽 클릭하여 'New > Dart File'을 선택한다.

그림 3.23 'New > Dart File'을 선택

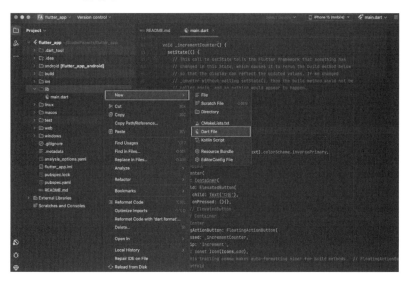

97

그리고 파일명을 입력한다. 이름은 'next_page' 정도로 해 둔다. 참고로 dart 파일의 이름은 소문자로 쓰며 구분은 '_'로 하는 'snake_case[*5]'로 명명하는 것이 일반적이다.

그림 3.24 'next_page'라고 입력

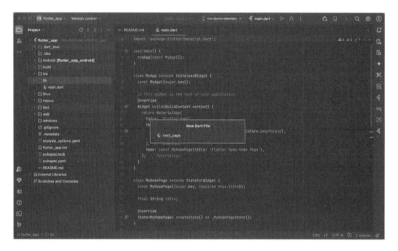

'next_page.dart'가 만들어졌다면 그 안에 'NextPage'라는 class를 만든다.

그림 3.25 'next_page'가 만들어진 직후 화면

다음과 같이 StatelessWidget에 준거한 NextPage라는 클래스를 만들어 보자.

---

*5 모두 소문자로 단어와 단어의 연결을 '_'(언더바)로 연결하는 명명법을 'snake_case'(스네이크 케이스)라고 한다.

```
class NextPage extends StatelessWidget {

}
```

StatelessWidget을 쓰면 자동으로 다음과 같이 임포트할 후보가 표시된다. 후보가 3개 정도 나오는데 'material.dart'를 선택하면 이후 편하게 진행할 수 있다.

그림 3.26 'material.dart'의 'StatelessWidget'를 선택

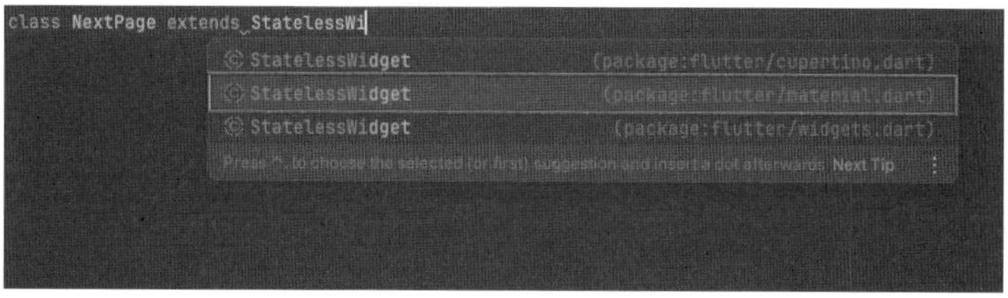

그러면 그림 3.27과 같은 상태가 된다.

그림 3.27 'NextPage'에 빨간 물결선이 들어간다.

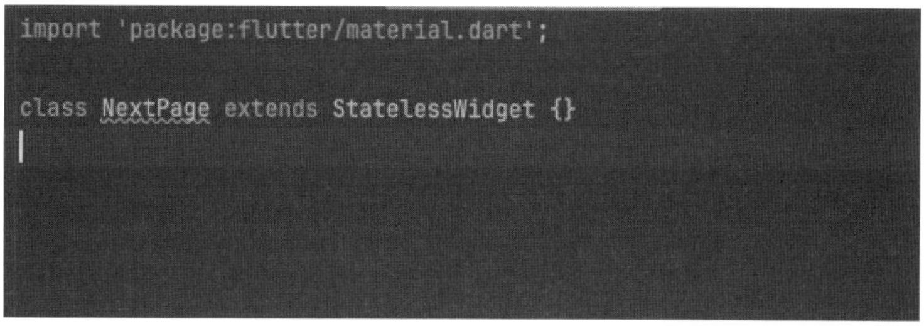

이 상태로는 NextPage에 빨간 물결선이 들어가므로 NextPage라는 글자 위에 마우스를 대고 'Create 1 missing override(s)'를 누른다.

그림 3.28 'Create 1 missing override(s)'를 누른다.

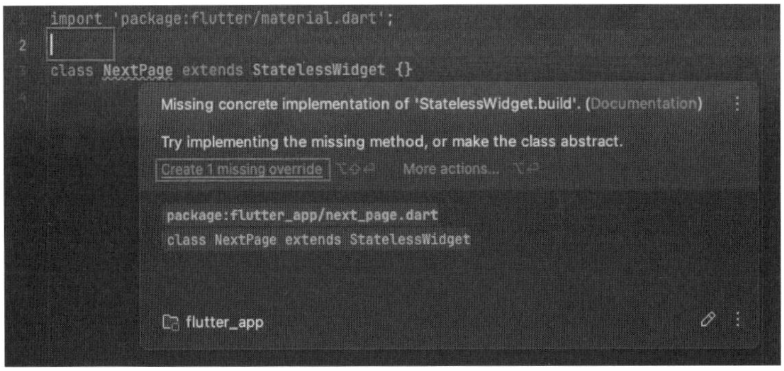

그러면 StatelessWidget에 필요한 build **함수**가 자동으로 생성된다. 참고로 build 함수는 화면에 표시되는 Widget을 정의하는 중요한 함수이다. 이것 없이는 화면을 만들 수 없다.

그림 3.29 build 함수의 생성

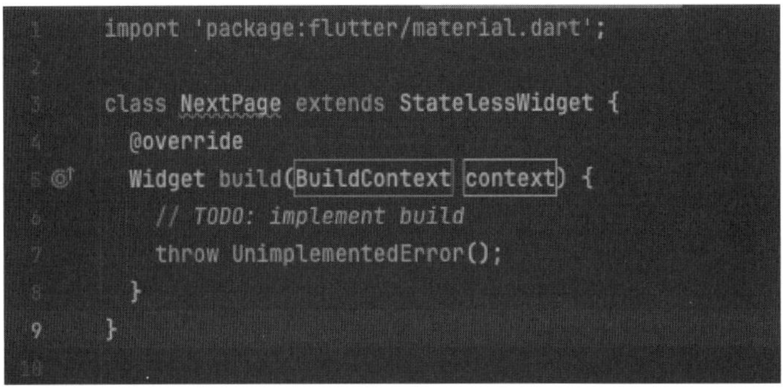

현재는 다음과 같은 상태가 될 것이다.

```dart
import 'package:flutter/material.dart';

class NextPage extends StatelessWidget {
  @override
  Widget build(BuildContext context) {
    // TODO: implement build
    throw UnimplementedError();
  }
}
```

이제 이 build 함수 안에 'main.dart'에도 쓰여 있던 Scaffold의 코드를 흉내 내어 Scaffold를 써 보자.

먼저 다음과 같이 appBar와 body만을 쓰고 body에 빨간색 Container를 넣는다.

```dart
import 'package:flutter/material.dart';

class NextPage extends StatelessWidget {
  @override
  Widget build(BuildContext context) {
    return Scaffold(
      appBar: AppBar(
        title: Text('Flutter 대학'),
      ),
      body: Container(
        color: Colors.red,
      ),
    );
  }
}
```

대충 화면이 만들어졌으니 'main.dart'로 돌아가 '**버튼을 누르면 화면을 전환**'하는 코드를 써 보자!

3.2.4 화면 전환 코드

여기서는 공식 도큐먼트[*6]에 있는 아래 코드를 참고해서 코드를 쓸 것이다.

```dart
// Within the 'FirstRoute' widget
onPressed: () {
  Navigator.push(
    context,
    MaterialPageRoute(builder: (context) => SecondRoute()),
```

[*6] https://flutter.dev/docs/cookbook/navigation/navigation-basics

```
  );
}
```

위 코드의 onPressed 안의 내용을 복사하여 'main.dart'에서 버튼을 누르면 호출되는 코드 부분에 붙여 넣는다.

```
@override
Widget build(BuildContext context) {
  return Scaffold(
    appBar: AppBar(
      backgroundColor: Theme.of(context).colorScheme.inversePrimary,
      title: Text('Flutter 대학'),
    ),
    body: Center(
      child: ElevatedButton(
        child: Text('다음'),
        onPressed: () {
          // 여기에 버튼을 눌렀을 때 호출되는 코드를 쓴다
          Navigator.push(
            context,
            MaterialPageRoute(builder: (context) => NextPage()),
          );
        },
      ),
    ),
    floatingActionButton: FloatingActionButton(
      onPressed: _incrementCounter,
      tooltip: 'Increment',
      child: Icon(Icons.add),
    ),
  );
}
```

SecondRoute는 지금 만들고 있는 앱에 맞춰 NextPage로 바꾼다.

이때 그림 3.30과 같이 **NextPage**에 빨간 물결선이 표시될지도 모른다.

그림 3.30 NextPage에 빨간 물결선이 표시된다.

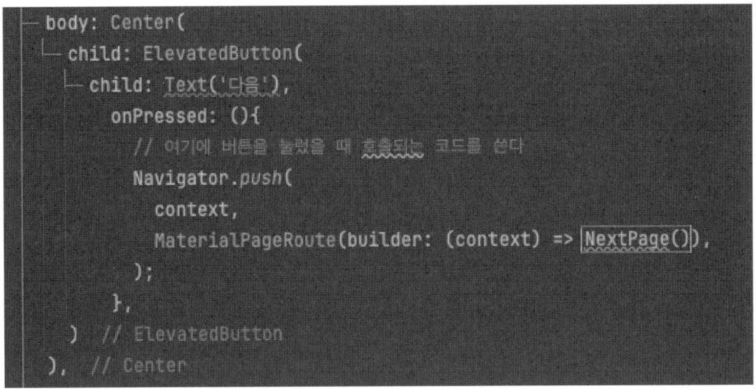

```
body: Center(
  child: ElevatedButton(
    child: Text('다음'),
    onPressed: (){
      // 여기에 버튼을 눌렀을 때 호출되는 코드를 쓴다
      Navigator.push(
        context,
        MaterialPageRoute(builder: (context) => NextPage()),
      );
    },
  ) // ElevatedButton
), // Center
```

이를 지우려면 좀 전과 똑같은 요령으로 **NextPage** 위에 커서를 대고 'next_page.dart'를 임포트한다. 임포트 후보 중 긴 것과 짧은 것이 나오는 경우가 있는데 모두 똑같은 파일을 임포트하는 문장이다. 동일한 디렉토리(폴더)에 dart 파일이 있을 때는 임포트문은 생략해서 쓸 수 있다. 기본적으로는 짧은 편이 좋다.

그림 3.31 임포트

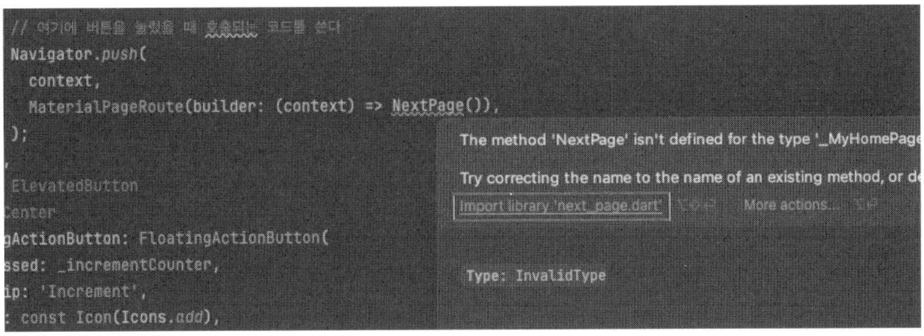

```
// 여기에 버튼을 눌렀을 때 호출되는 코드를 쓴다
Navigator.push(
  context,
  MaterialPageRoute(builder: (context) => NextPage()),
);

ElevatedButton
Center
gActionButton: FloatingActionButton(
ssed: _incrementCounter,
ip: 'Increment',
: const Icon(Icons.add),
```

The method 'NextPage' isn't defined for the type '_MyHomePage

Try correcting the name to the name of an existing method, or d

Import library 'next_page.dart'   More actions...

Type: InvalidType

무사히 임포트가 되면 빨간 물결선이 사라진다. 이로써 'NextPage'로 이동할 수 있게 되었다. 실제로 버튼을 눌러 보자!

🔑 화면 전환 전

그림 3.32 빨간 화면으로 화면 전환하기 전

🔑 화면 전환 후

그림 3.33 빨간 화면으로 화면 전환한 후

화면이 잘 전환된다는 것을 알 수 있다!!

3.3 다음 화면에 값 전달하기

실제 앱을 만들 때는 입력한 값에 따라 다음 화면의 모양이 변하거나 로그인했는지에 따라 전환되는 화면이 달라지는 처리를 한다. 여기서는 그런 처리를 하기 위한 기초를 배워보자.

먼저 **화면의 값을 다음 화면에 전달**하는 처리를 해 보자.

3.3.1 화면 전환 정리

현재 코드는 다음과 같은 상태일 것이다.

```
@override
Widget build(BuildContext context) {
  return Scaffold(
    appBar: AppBar(
      backgroundColor: Theme.of(context).colorScheme.inversePrimary,
      title: Text('Flutter 대학'),
    ),
    body: Center(
      child: ElevatedButton(
        child: Text('다음'),
        onPressed: () {
          // 여기에 버튼을 눌렀을 때 호출되는 코드를 쓴다
          Navigator.push(
            context,
            MaterialPageRoute(builder: (context) => NextPage()),
          );
        },
      ),
    ),
    floatingActionButton: FloatingActionButton(
      onPressed: _incrementCounter,
      tooltip: 'Increment',
      child: Icon(Icons.add),
```

```
    ),
  );
}
```

앞 섹션에서 다음 코드도 썼다.

```
child: ElevatedButton(
  child: Text('다음'),
  onPressed: () {
    // 여기에 버튼을 눌렀을 때 호출되는 코드를 쓴다
    Navigator.push(
      context,
      MaterialPageRoute(builder: (context) => NextPage()),
    );
  },
),
```

ElevatedButton의 onPressed 파라미터 안에 **버튼을 누른 경우 실행되는 코드**를 써서 다음 화면으로 전환을 시킬 수 있었다.

이제는 이 코드를 조금 수정해서 값을 전달하도록 할 것이다.

3.3.2 화면 전환 코드에서 값을 전달하기

다음은 코드의 Before와 After이다. 코드를 보고 어디가 달라졌는지 찾아보기 바란다.

🦩 Before

```
Navigator.push(
  context,
  MaterialPageRoute(builder: (context) => NextPage()),
);
```

β After

```
Navigator.push(
  context,
  MaterialPageRoute(builder: (context) => NextPage('KBOY 씨')),
);
```

어디가 달라졌는지 잘 찾았을까?

정답은 NextPage( )가 NextPage('KBOY 씨')로 바뀌었다. 즉 NextPage( )의 ( ) 안에 값을 넣은 것이다. 이 **괄호 안에 값을 넣음으로써 값을 전달한다**는 감각을 잘 익히기 바란다. 이번에는 'KBOY 씨'라는 문자열을 넣었지만 숫자나 자신이 만든 클래스 등도 전달할 수 있다.

그런데 현재 상태에서는 오류가 나올 것이다. 값을 전달받는 NextPage 쪽을 아무것도 변경하지 않았기 때문이다. 값을 전달하기 위해서는 그 값을 받는 부분의 코드도 같이 수정해야 한다.

다음은 NextPage를 변경해 보자.

3.3.3 이니셜라이저

좀 전에 원래 NextPage( )였던 부분을 NextPage('KBOY 씨')로 바꾸었다.

여기서 NextPage( )라는 것은 새로운 'NextPage'를 만들고 있다고 생각하기 바란다.

예를 들어 다음과 같이 2개의 NextPage를 만들었다고 가정해보자.

```
final one = NextPage();
final two = NextPage();
```

이 경우 NextPage라는 클래스의 실체는 one과 two, 이 2개가 생긴다. 화면이 2개 만들어졌다고 생각하면 좋을지도 모른다.

먼저 NextPage를 다음과 같이 정의한다.

```
class NextPage extends StatelessWidget {
  // 생략
}
```

이것을 다음과 같이 쓰면 실체를 만들게 된다.

```
final one = NextPage();
```

'인간이라는 정의'와 '후지카와(필자의 성)라는 실존하는 인간'의 관계와 비슷하다고 하면 알기 쉬울 것이다.

이와 같이 클래스를 실체화하는 것을 프로그래밍 용어로 **초기화** 또는 **이니셜라이징**이라고 한다. 그리고 이니셜라이징을 위한 정의 함수를 **이니셜라이저(컨스트럭터)**라고 한다.

클래스의 이니셜라이저는 기본값으로는 ( )라는 팔호만 쓰는 것이지만 **("KBOY 씨")와 같이 '반드시 문자열을 전달하여 이니셜라이징해야 한다'라는 정의를 써 놓을 수도 있다.** 이로써 앞 화면에서 값을 받아오는 것을 보증하고 화면에 표시할 수 있게 되는 것이다.

그러면 다음은 NextPage의 이니셜라이저를 변경하여 값을 전달해야 NextPage를 만들어내는 상황을 만들어보자.

3.3.4 NextPage의 이니셜라이저를 변경

next_page.dart로 이동한다.

지금 **next_page.dart**의 NextPage 클래스는 다음과 같이 되어 있을 것이다.

```
class NextPage extends StatelessWidget {
  @override
  Widget build(BuildContext context) {
    return Scaffold(
      appBar: AppBar(
        backgroundColor: Theme.of(context).colorScheme.inversePrimary,
        title: Text('Flutter 대학'),
      ),
      body: Container(
        color: Colors.red,
      ),
    );
  }
}
```

여기에 이니셜라이저를 써 간다.

```
class NextPage extends StatelessWidget {
  // 여기에 이니셜라이저를 쓴다

  @override
  Widget build(BuildContext context) {
    return Scaffold(
      appBar: AppBar(
        backgroundColor: Theme.of(context).colorScheme.inversePrimary,
        title: Text('Flutter 대학'),
      ),
      body: Container(
        color: Colors.red,
      ),
    );
  }
}
```

결론부터 말하자면 코드는 다음과 같이 쓴다.

```
class NextPage extends StatelessWidget {
  // 여기에 이니셜라이저를 쓴다
  NextPage(this.name);
  String name;

  @override
  Widget build(BuildContext context) {
    return Scaffold(
      appBar: AppBar(
        backgroundColor: Theme.of(context).colorScheme.inversePrimary,
        title: Text('Flutter 대학'),
      ),
      body: Container(
        color: Colors.red,
      ),
```

```
    );
  }
}
```

여기서 NextPage(this.name);이 이니셜라이저이며 String name;이 변수이다. 이 변수는 전달 받은 KBOY 씨라는 문자열을 받을 **상자**라고 생각하면 쉽게 이해할 수 있다.

여기서 하고 있는 일은 name이라는 **변수에 문자열을 넣는 이니셜라이저를 만들었다**는 것이다.

사실 아무 것도 쓰지 않아도 기본값인 NextPage( )라는 이니셜라이저가 정의되어 있다. 이것을 NextPage(this.name)으로 바꿔 씀으로써 NextPage를 새로 만들 때는 문자열을 **전달해야 한다**.

마지막으로 다음과 같이 Container의 child에 Text를 추가하여 그 내용을 name으로 지정해 두면 화면 전환 시 앞 화면에서 받은 KBOY 씨라는 문자열을 표시할 수 있다.

```
class NextPage extends StatelessWidget {
  NextPage(this.name);
  String name;

  @override
  Widget build(BuildContext context) {
    return Scaffold(
      appBar: AppBar(
        backgroundColor: Theme.of(context).colorScheme.inversePrimary,
        title: Text('Flutter 대학'),
      ),
      body: Container(
        color: Colors.red,
        child: Text(name), // 여기에서 name을 사용한다
      ),
    );
  }
}
```

물론 이 문자열은 앞 화면에서 '도쿄대학'이라고 전달하면 '도쿄대학'이라고 표시되고 '마파두부'라고 전달하면 '마파두부'가 표시된다.

화면 전환 전

그림 3.34 'KBOY 씨'의 배경색이 빨간 화면으로 전환되기 전

화면 전환 후

그림 3.35 'KBOY 씨'의 배경색이 빨간 화면으로 전환된 후

이와 같이 값을 전달한다는 처리는 예를 들면 뉴스 목록에서 뉴스를 탭하여 뉴스 기사의 상세 화면으로 전환하는 경우에 사용할 수 있다. 탭한 뉴스 기사의 정보를 다음 화면에 전달하여 상세 기사를 표시하는 것이다.

다음 화면에 값을 전달하는 연습은 여기까지이다!

다음은 이미지를 배치하여 보다 고급스러운 앱을 만들어 보자.

3.4 이미지 배치

이미지를 표시하는 것만으로 훨씬 앱다운 앱으로 바뀐다. 이번 섹션에서는 이미지의 배치 방법을 배워 보겠다.

3.4.1 사전 준비

앞 섹션의 화면 전환에서 값을 전달하는 것까지 따라했다면 'main.dart'의 build 함수는 다음과 같이 되어 있을 것이다.

```dart
@override
Widget build(BuildContext context) {
  return Scaffold(
    appBar: AppBar(
      backgroundColor: Theme.of(context).colorScheme.inversePrimary,
      title: Text('Flutter 대학'),
    ),
    body: Center(
      child: ElevatedButton(
        child: Text('다음'),
        onPressed: () {
          Navigator.push(
            context,
            MaterialPageRoute(builder: (context) => NextPage('KBOY 씨')),
          );
        },
      ),
    ),
    floatingActionButton: FloatingActionButton(
      onPressed: _incrementCounter,
      tooltip: 'Increment',
```

```
      child: Icon(Icons.add),
    ),
  );
}
```

여기서는 쓸 데 없는 것을 지우고 이미지 배치에 초점을 맞춰 설명하겠다.

우선 floatingActionButton을 지우자.

```
@override
Widget build(BuildContext context) {
  return Scaffold(
    appBar: AppBar(
      backgroundColor: Theme.of(context).colorScheme.inversePrimary,
      title: Text('Flutter 대학'),
    ),
    body: Center(
      child: ElevatedButton(
        child: Text('다음'),
        onPressed: () {
          Navigator.push(
            context,
            MaterialPageRoute(builder: (context) => NextPage('KBOY 씨')),
          );
        },
      ),
    ),
  );
}
```

여기서부터 이미지 배치를 해 갈 것이다.

이번에는 ElevatedButton 위에 **이미지 Widget을 놓는 방법**을 사용한다. 지금까지의 학습에서 Widget을 어떻게 배치할지에 대한 이미지가 잡혔을 것이다. 제대로 공부했다면 대충은 알고 있을 것이다.

정답은 'ElevatedButton을 Column으로 묶고 ElevatedButton 위에 이미지 Widget을 추가한다' 이다.(잘 이해가 안 가면 **3.1 'Widget의 기본 사용법'**을 복습하기 바란다.)

3.4.2 Column으로 묶은 후 Image Widget을 배치

ElevatedButton을 Column으로 묶은 후 ElevatedButton 위에 Image Widget을 배치한다. Image( )는 임시로 넣어 둔 것이다.

현재의 구성을 간략히 쓰자면 다음과 같다.

```
Column(
  children: [
    Image(),
    ElevatedButton(),
  ],
)
```

build 함수 전체는 다음과 같다.

```
@override
Widget build(BuildContext context) {
  return Scaffold(
    appBar: AppBar(
      backgroundColor: Theme.of(context).colorScheme.inversePrimary,
      title: Text('Flutter 대학'),
    ),
    body: Center(
      child: Column(
        children: [
          Image(),
          ElevatedButton(
            child: Text('다음'),
            onPressed: () {
              Navigator.push(
                context,
```

```
              MaterialPageRoute(builder: (context) => NextPage('KBOY 씨')),
          );
        },
      ),
    ],
  ),
  ),
 );
}
```

참고로 이 상태에서는 코드에 오류가 나올 것이다. 이미지에 대한 URL이나 이미지의 경로를 지정하지 않았기 때문이다.

그림 3.36 Image에 빨간 물결선이 들어간다.

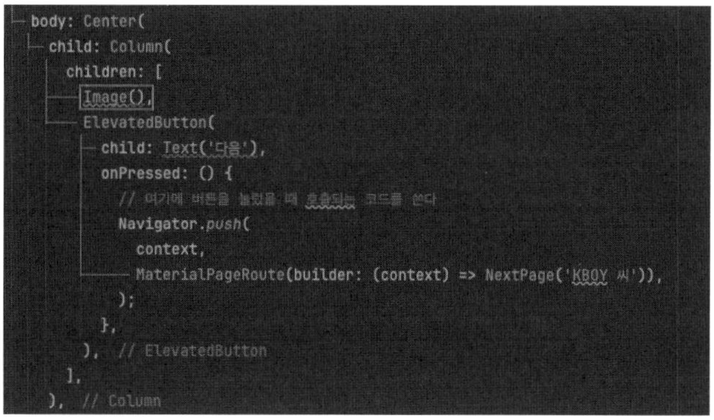

그럼 이제 이미지에 대한 URL이나 이미지의 경로를 지정해 보자.

3.4.3 Image의 도큐먼트를 확인

여기서는 필자가 주로 사용하는 방법이 아니라 Flutter 공식 도큐먼트를 보면서 따라하는 방식으로 설명을 하겠다.

Widget catalog*7 중에서 'Assets, images, and icon widgets'을 선택하여 이미지를 배치하는 방법을 살펴보자.

---

*7 https://flutter.dev/docs/development/ui/widgets

그림 3.37 Assets, images, and icon widgets

공식 도큐먼트를 볼 수 있게 되면 학습 효율이 한 단계 더 올라가므로 꼭 기억하기 바란다. 최신 정보는 영어로 나오는데 한글 교재가 없으면 코드를 쓸 수 없는 상태에서는 어디에선가 반드시 막히기 마련이다. 처음에는 AI 번역 등을 사용해도 괜찮으므로 영어 기사를 읽는데 익숙해지기 바란다.

그럼 계속해서 도큐먼트를 살펴보면 다음과 같이 4종류가 표시되므로 그 중에서 'Image'를 선택한다.

그림 3.38 'Image'를 선택

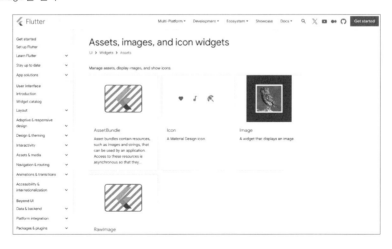

다음에 소개하는 방법은 이 공식 도큐먼트에 쓰여 있는 방법이다. 이 책과 함께 활용하여 앞으로 모르는 것이 있다면 도큐먼트를 꼭 확인하도록 하자.

3.4.4 **인터넷상의 이미지를 표시**

Flutter에서 이미지를 표시하는 방법은 다음 2종류가 있다.

- 인터넷에 있는 이미지를 표시한다.
- 스마트폰에 들어 있는 이미지를 표시한다.

이 중 이미지 표시를 간단히 체험할 수 있는 방법은 전자이므로 우선 인터넷에 있는 이미지를 표시해 보자.

도큐먼트 중간쯤에 다음과 같은 샘플 코드가 있을 것이다.

```
Image.network('https://flutter.github.io/assets-for-api-docs/
assets/widgets/owl-2.jpg')
```

이것을 사용해 보자.

여기서 하는 것은 인터넷상에 있는 URL 이미지를 Flutter 앱에서 표시하는 것이다.

시험 삼아 다음 URL을 Google Chrome이나 Safari와 같은 브라우저의 URL에 붙여 넣어 이미지가 표시되는지 확인해 보자.

https://flutter.github.io/assets-for-api-docs/assets/widgets/owl-2.jpg

그림 3.39 인터넷상의 이미지 미리보기

코드로 돌아온다.

좀 전에 Image라고 쓴 부분을 이 Image.network로 변경한다. 그러면 body 이하는 다음과 같이 될 것이다.

```
body: Center(
  child: Column(
    children: [
      Image.network(
        'https://flutter.github.io/assets-for-api-docs/assets/widgets/owl-2.jpg'),
      ElevatedButton(
        child: Text('다음'),
        onPressed: () {
          Navigator.push(
            context,
            MaterialPageRoute(builder: (context) => NextPage('KBOY 씨')),
          );
        },
      ),
    ],
  ),
),
```

앱은 그림 3.40과 같이 될 것이다.

그림 3.40   인터넷상의 이미지를 앱에서 표시

이것으로 이미지가 표시되었다!

물론 이미지 URL이 있으면 뭐든지 표시할 수 있으므로 인터넷상의 다른 이미지로 URL을 바꿔 시험해 보기 바란다.

Text 장식하기

문자를 표시하는 방법은 이미 앞에서 했지만 여기서는 문자를 굵게 하거나 색을 바꾸거나 크기를 변경하는 등 장식하는 방법을 배운다.

3.5.1 현재 상태

```
@override
Widget build(BuildContext context) {
  return Scaffold(
    appBar: AppBar(
      backgroundColor: Theme.of(context).colorScheme.inversePrimary,
      title: Text('Flutter 대학'),
    ),
    body: Center(
      child: Column(
        children: [
          Image.network(
            'https://flutter.github.io/assets-for-api-docs/ assets/widgets/owl-2.jpg'),
          ElevatedButton(
            child: Text('다음'),
            onPressed: () {
              Navigator.push(
                context,
                MaterialPageRoute(builder: (context) => NextPage('KBOY 씨')),
              );
            },
          ),
```

```
      ],
    ),
  ),
 );
}
```

이 코드를 일단 다음과 같이 Column만 남기고 내용을 지워 정리한다.

```
@override
Widget build(BuildContext context) {
  return Scaffold(
    appBar: AppBar(
      backgroundColor: Theme.of(context).colorScheme.inversePrimary,
      title: Text('Flutter 대학'),
    ),
    body: Center(
      child: Column(
        children: [],
      ),
    ),
  );
}
```

여기서부터 시작한다.

3.5.2 Text Widget의 배치

Column 안에 Text를 2개 배치한다.

```
@override
Widget build(BuildContext context) {
  return Scaffold(
    appBar: AppBar(
      backgroundColor: Theme.of(context).colorScheme.inversePrimary,
```

```
      title: Text('Flutter 대학'),
    ),
    body: Center(
      child: Column(
        children: [
          Text('KBOY 씨'),
          Text('KGIRL 씨'),
        ],
      ),
    ),
  );
}
```

그러면 그림 3.41과 같이 표시될 것이다.

그림 3.41 Text Widget을 2개 배치

이 2개의 Text를 여러 가지 모양으로 바꿔보자.

3.5.3 글자 크기 변경

기본 형태는 다음과 같다.

```
Text('KBOY 씨')
```

여기에 style 파라미터를 추가하여 TextStyle( )을 넣는다.

```
Text(
  'KBOY 씨',
  style: TextStyle(),
)
```

이 TextStyle의 파라미터를 추가하여 글자의 크기를 변경한다.

```
Text(
  'KBOY 씨',
  style: TextStyle(
    fontSize: 20,
  ),
)
```

먼저 fontSize를 추가해보자.

크기를 아무 것도 지정하지 않으면 14 정도가 되므로 20으로 바꾸면 그림 3.42와 같이 된다.

그림 3.42 Text의 크기를 20으로 변경

40으로 바꾸면 그림 3.43과 같이 된다.

그림 3.43 Text의 크기를 40으로 변경

이와 같이 글자의 크기를 여러 가지로 바꿔서 시험해 보자!

3.5.4 글자 색 변경

다음은 색을 바꿔 보자.

TextStyle에 color 파라미터를 추가한다. 예를 들어 녹색을 지정하고 싶을 때는 color 파라미터에 Colors.green을 추가한다.

```
Text(
  'KBOY 씨',
  style: TextStyle(
    fontSize: 40,
    color: Colors.green,
  ),
)
```

그러면 그림 3.44와 같이 바뀐다.

그림 3.44 Text의 색을 녹색으로 변경

참고로 `Colors.green`은 원래 Flutter에 내장되어 있는 Material 패키지에 마련되어 있는 색이다. 여기에 마련되어 있지 않은 색을 지정하고 싶은 경우는 컬러코드 등으로 지정하는 방법도 있다.

3.5.5 글자 굵기 변경

다음은 굵기를 바꾼다. 점점 요령을 알게 될 것이다.

굵기의 경우는 TextStyle의 파라미터에 `fontWeight`라는 것이 마련되어 있으므로 이를 FontWeight.bold로 지정하면 글자가 굵어진다.

```
Text(
  'KBOY 씨',
  style: TextStyle(
    fontSize: 40,
    color: Colors.green,
    fontWeight: FontWeight.bold,
  ),
)
```

그림 3.45 Text를 굵게

3.5.6 글자를 기울임체로 변경

똑같은 요령으로 fontStyle.FontStyle.italic을 추가하면 글자를 기울임체로 바꿀 수도 있다.

```
Text(
  'KBOY 씨',
  style: TextStyle(
    fontSize: 40,
    color: Colors.green,
    fontWeight: FontWeight.bold,
    fontStyle: FontStyle.italic,
  ),
)
```

그림 3.46 Text를 기울임체로 변경

3.5.7 밑줄

다음은 decoration이라는 파라미터이다. 밑줄을 추가할 수 있다.

```
Text(
  'KBOY 씨',
  style: TextStyle(
    fontSize: 40,
    color: Colors.green,
    fontWeight: FontWeight.bold,
    fontStyle: FontStyle.italic,
    decoration: TextDecoration.underline,
  ),
)
```

그림 3.47 Text에 밑줄을 그린다.

3.5.8 TextAlign 변경

이제 여기서는 **좀 전에 추가한 TextStyle을 일단 모두 지우고** Text를 Container로 묶는다.
그리고 가로 폭이 화면 가득히 되도록 하기 위해 double.infinity를 붙인다.

```
@override
Widget build(BuildContext context) {
  return Scaffold(
    appBar: AppBar(
      backgroundColor: Theme.of(context).colorScheme.inversePrimary,
      title: Text('Flutter 대학'),
    ),
    body: Center(
      child: Column(
        children: [
          Container(
            width: double.infinity,
            child: Text('KBOY 씨'),
          ),
          Text('KGIRL 씨'),
        ],
```

```
      ),
    ),
  );
}
```

그림 3.48 Text를 왼쪽으로 정렬한다.

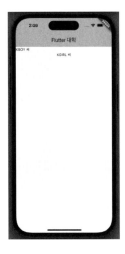

화면 가득히 뻗는 Container를 추가하면 그 안에 있는 'KBOY 씨'라는 Text는 왼쪽으로 정렬된다. 기본값은 왼쪽 정렬이다. 'KGIRL 씨'는 Container 밖에 있으므로 달라지지 않는다. 'KGIRL 씨'의 위치를 결정하는 것은 Container 위쪽에 있는 Center이다.

그러면 여기에 textAlign을 설정하여 왼쪽 정렬, 가운데 정렬, 오른쪽 정렬을 해보자.

β 가운데 정렬

가운데 정렬을 하고 싶을 때는 다음과 같이 쓴다.

```
Text(
  'KBOY 씨',
  textAlign: TextAlign.center,
)
```

그림 3.49   Text를 가운데로 정렬한다.

🦀 오른쪽 정렬

오른쪽 정렬은 right이다.

```
Text(
  'KBOY 씨',
  textAlign: TextAlign.right,
)
```

그림 3.50   Text를 오른쪽으로 정렬한다.

이상으로 글자의 장식 연습을 끝냈다!

여기까지 다양한 글자 장식 방법을 학습했을 것이다. **기본적으로 Flutter 코드 작성법을 암기할 필요는 없지만** 글자 장식에 대해서는 책을 보지 않고도 바로 가능하게 되면 작업 효율이 올라가므로 어느 정도는 외워두는 것이 좋다.

3.6 입력 폼 만들기

이번에는 입력 폼을 만들 것이다. 입력 폼이란 SNS 게시 화면 등과 같이 다양한 앱의 게시 화면에 공통적으로 있는 UI를 말하는데 작성 방법을 알고 있으면 상당히 편리하다.

3.6.1 시작 화면

이전 섹션에서는 Text를 장식했기 때문에 Column이나 Text가 남아 있는 것을 정리하여 코드를 다음과 같이 만든다.

```
@override
Widget build(BuildContext context) {
  return Scaffold(
```

```
    appBar: AppBar(
      backgroundColor: Theme.of(context).colorScheme.inversePrimary,
      title: Text('Flutter 대학'),
    ),
    body: Container(
      width: double.infinity,
    ),
  );
}
```

여기에 TextField를 추가하여 입력 폼을 만든다.

이 섹션에서는 Flutter Documentation[8]에서 'Cookbook'을 선택하고 'Forms' 중에서 'Create and style a text field[9]'를 참고로 설명을 진행해 가겠다.

그림 3.51   Cookbook

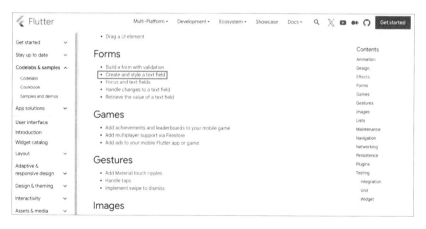

3.6.2 TextField 배치하기

먼저 Container의 child로 TextField를 넣어 보자.

---

*8 https://docs.flutter.dev

*9 https://flutter.dev/docs/cookbook/forms/text-input

```
@override
Widget build(BuildContext context) {
  return Scaffold(
    appBar: AppBar(
      backgroundColor: Theme.of(context).colorScheme.inversePrimary,
      title: Text('Flutter 대학'),
    ),
    body: Container(
      width: double.infinity,
      child: TextField(),
    ),
  );
}
```

그러면 그림 3.52와 같이 선이 한 줄 들어간다.

그림 3.52　TextField의 밑줄

TextField를 탭해 보면 그림 3.53과 같이 키보드가 나타난다.

그림 3.53 키보드가 출현

3.6.3 InputDecoration

이제 TextField를 장식해 간다.

'Coobook*10'에 다음과 같은 예문이 있다.

```
TextField(
  decoration: InputDecoration(
    border: InputBorder.none,
    hintText: 'Enter a search term'
  ),
);
```

이것을 좀 전에 만든 TextField에 적용한다.

참고로 border: InputBorder.none(테두리선: 입력 영역 테두리선, 없음)을 붙이면 아래의 선이 사라진다.

또 hintText: 'Enter a search term'는 아무 것도 입력되지 않은 상태에서는 이 텍스트가 희미하게 표시된다. 예를 들어 이름 입력란에 '홍길동'과 같이 무엇을 입력하면 좋을지를 알 수 있게 하기 위해 사용하는 것이다.

---

*10 https://flutter.dev/docs/cookbook/forms/text-input

```
@override
Widget build(BuildContext context) {
  return Scaffold(
    appBar: AppBar(
      backgroundColor: Theme.of(context).colorScheme.inversePrimary,
      title: Text('Flutter 대학'),
    ),
    body: Container(
      width: double.infinity,
      child: TextField(
        decoration: InputDecoration(
          border: InputBorder.none,
          hintText: 'Enter a search term'
        ),
      ),
    ),
  );
}
```

그림 3.54를 보면 밑줄이 사라지고 'Enter a search term'이라는 글이 희미하게 표시되는 것을 알 수 있다.

그림 3.54   hitText 적용

3.6.4 오토포커스 방법

다음은 'Cookbook*11'의 'Forms' 안에 있는 아래 코드를 살펴보자.

```
TextField(
  autofocus: true, // 오토포커스: 유효
);
```

이것을 좀 전의 화면에 적용시켜 다시 빌드를 한다.

```
@override
Widget build(BuildContext context) {
  return Scaffold(
    appBar: AppBar(
      backgroundColor: Theme.of(context).colorScheme.inversePrimary,
      title: Text('Flutter 대학'),
    ),
    body: Container(
      width: double.infinity,
      child: TextField(
        decoration: InputDecoration(
          border: InputBorder.none,
          hintText: 'Enter a search term'
        ),
        autofocus: true,
      ),
    ),
  );
}
```

그러면 그림 3.55와 같이 빌드 직후에 키보드가 나온 상태로 바뀐다.

*11 https://flutter.dev/docs/cookbook/forms/focus

그림 3.55 빌드 직후에 자동으로 키보드가 나타난다.

autofocus 파라미터를 true로 해 두면 화면이 열린 순간 거기에 포커스가 이동해 키보드가 나타난다.

이것은 TextField가 여러 개 있는 화면을 열었을 때 가장 위의 TextField가 입력 모드가 되어 키보드가 나타나는 경우에 사용하면 좋다.

3.6.5 FocusNode를 사용하여 포커스 이동

계속해서 'Cookbook[*12]'의 도큐먼트를 살펴보자.

FocusNode라는 클래스를 사용하여 버튼을 눌렀을 때 포커스가 가도록 만들어 보자.

먼저 Column 안에 TextField를 2개 만든다.

```
@override
Widget build(BuildContext context) {
  return Scaffold(
    appBar: AppBar(
      backgroundColor: Theme.of(context).colorScheme.inversePrimary,
      title: Text('Flutter 대학'),
    ),
```

---

*12 https://flutter.dev/docs/cookbook/forms/focus

```
    body: Container(
      width: double.infinity,
      child: Column(
        children: [
          TextField(),
          TextField(),
        ],
      ),
    ),
  );
}
```

그림 3.56   TextField를 2개 표시

이번에는 버튼을 누르면 아래 TextField로 포커스가 이동하도록 해 보자.

Column 안에 추가로 ElvatedButton을 넣는다.

```
child: Column(
  children: [
    TextField(),
    TextField(),
    ElevatedButton(), // 이것을 추가
```

```
    ],
  ),
```

이 단계에서는 그림 3.57과 같이 오류가 날 것이다.

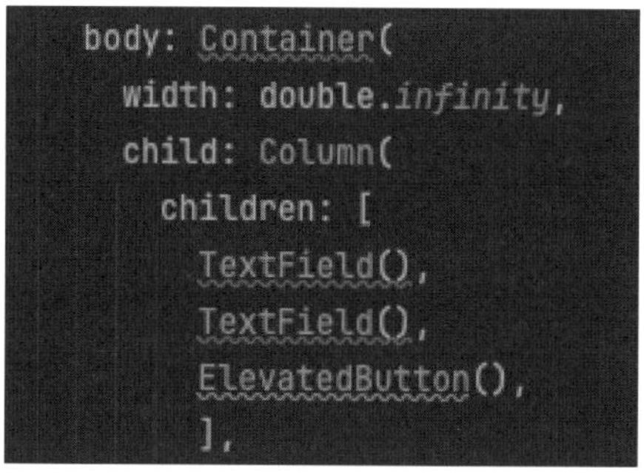

그림 3.57 ElevatedButton에 빨간 물결선이 들어간다.

```
body: Container(
  width: double.infinity,
  child: Column(
    children: [
      TextField(),
      TextField(),
      ElevatedButton(),
    ],
```

빨간 물결선이 들어간 오류 부분에 커서를 갖다 대고 멈추면 오류의 원인을 알 수 있다. 이 경우는 다음과 같은 2개의 경고가 나온다.

- The named parameter 'child' is required, but there's no corresponding argument.
- The named parameter 'onPressed' is required, but there's no corresponding argument.

첫 번째는 'child라는 파라미터를 요구하고 있는데 없다'는 것이고, 두 번째는 'onPressed라는 파라미터를 요구하고 있는데 없다'는 오류이다.

그림 3.58   ElevatedButton의 파라미터 목록

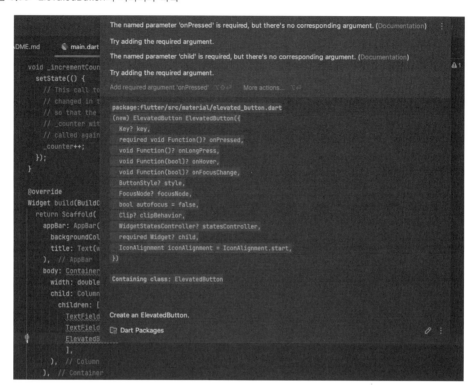

이제 이 오류를 해결하기 위해 ElevatedButton에 파라미터를 추가해 보자.

child와 onPressed에 각각 값을 추가한다. onPressed의 자세한 내용은 나중에 쓸 것이다.

```
ElevatedButton(
  child: Text('포커스'),
  onPressed: () {
    // TODO: 여기에 포커스 이동을 위한 코드를 쓴다
  },
)
```

그림 3.59 ElevatedButton에 '포커스'라고 표시

계속해서 'Cookbook*13'을 보면서 진행해 가자. FocusNode가 등장할 차례이다.

build 위쪽 부분에 FocusNode를 정의한다. 'FocusNode가 뭐지'라고 궁금하겠지만 지금은 깊이 생각하지 말고 일단 코드를 써 보자.

```
final myFocusNode = FocusNode();

@override
Widget build(BuildContext context) {
  return Scaffold(
    appBar: AppBar(
      backgroundColor: Theme.of(context).colorScheme.inversePrimary,
      title: Text('Flutter 대학'),
    ),
    body: Container(
      width: double.infinity,
      child: Column(
        children: [
          TextField(),
          TextField(),
          ElevatedButton(
```

*13 https://flutter.dev/docs/cookbook/forms/focus

```
        child: Text('포커스'),
        onPressed: () {
          // TODO: 여기에 포커스 이동을 위한 코드를 쓴다
        },
      ),
    ],
  ),
 ),
);
}
```

그리고 두 번째 TextField에 focusNode 파라미터로 좀 전에 정의한 myFocusNode를 전달한다.

```
child: Column(
  children: [
    TextField(),
    TextField(
      focusNode: myFocusNode, // 여기서 myFocusNode를 전달한다
    ),
    ElevatedButton(
      child: Text('포커스'),
      onPressed: () {
        // TODO: 여기에 포커스 이동을 위한 코드를 쓴다
      },
    ),
  ],
),
```

여기서는 두 번째 TextField에 포커스가 가도록 만든 것이다.

마지막으로 버튼을 눌렀을 때 myFocusNode가 반응하도록 하기 위한 처리를 onPressed 안에 쓴다.

```
onPressed: () {
  myFocusNode.requestFocus();
},
```

이것으로 그림 3.60과 같이 '포커스' 버튼을 누르면 위에서 두 번째에 있는 **TextField**로 포커스가 이동하고(밑줄의 색이 바뀜) 아래에 키보드가 나타날 것이다.

그림 3.60 두 번째 TextField에 포커스가 이동한다.

3.6.6 onChanged

다음은 실제 앱에서는 어떤 식으로 작동하는지 그 예를 살펴보자.

계속해서 'Cookbook*14'를 참고로 진행한다.

먼저 좀 전의 화면을 다음과 같이 변경해 보자. 이름과 취미를 입력하여 신규 등록을 하는 앱이다.

```
@override
Widget build(BuildContext context) {
  return Scaffold(
```

---

*14 https://flutter.dev/docs/cookbook/forms/text-field-changes

```
    appBar: AppBar(
      backgroundColor: Theme.of(context).colorScheme.inversePrimary,
      title: Text('Flutter 대학'),
    ),
    body: Container(
      width: double.infinity,
      child: Column(
        children: [
          TextField(
            decoration: InputDecoration(
              hintText: '이름',
            ),
          ),
          TextField(
            decoration: InputDecoration(
              hintText: '취미',
            ),
          ),
          ElevatedButton(
            child: Text('신규 등록'),
            onPressed: () {
              // TODO: 신규 등록
            },
          ),
        ],
      ),
    ),
  );
}
```

그림 3.61 신규 등록 앱의 이미지

이제 첫 번째 TextField의 파라미터에 onChanged를 추가하여 입력된 문자열을 취득해 보자.

```
TextField(
  decoration: InputDecoration(
  hintText: '이름',
  ),
  onChanged: (text) {
    // TODO: 여기에서 취득한 text를 사용한다
  },
),
```

다음은 좀 전에 했던 focusNode와 똑같은 요령으로 build 함수 조금 위 부분에 String name='';
라는 변수를 마련한다[15].

전체 코드는 다음과 같다.

```
String name = '';

@override
Widget build(BuildContext context) {
```

---

[15] 아직 무엇이 입력될지 모르지만 문자열이 들어갈 것이라는 의미다.

```
  return Scaffold(
    appBar: AppBar(
      backgroundColor: Theme.of(context).colorScheme.inversePrimary,
      title: Text('Flutter 대학'),
    ),
    body: Container(
      width: double.infinity,
      child: Column(
        children: [
          TextField(
            decoration: InputDecoration(
              hintText: '이름',
            ),
            onChanged: (text) {
              name = text; // 이것을 추가
            },
          ),
          TextField(
            decoration: InputDecoration(
              hintText: '취미',
            ),
          ),
          ElevatedButton(
            child: Text('신규 등록'),
            onPressed: () {
              // TODO: 신규 등록
            },
          ),
        ],
      ),
    ),
  );
}
```

이 코드에서는 onChanged 안에서 name이라는 변수에 text를 저장하고 있다. 이것으로 name
에 저장된 것을 나중에 신규 등록 버튼을 눌렀을 때 서버에 송신하게 된다.

3.6.7 TextEditingController

계속해서 'Cookbook*16'을 살펴보자.

좀 전과 똑같은 요령으로 final myController = TextEditingController();를 쓴다.

그리고 이번에는 두 번째 TextField의 controller 파라미터에 myController를 전달한다.

```
final myController = TextEditingController();

@override
Widget build(BuildContext context) {
  return Scaffold(
    appBar: AppBar(
      backgroundColor: Theme.of(context).colorScheme.inversePrimary,
      title: Text('Flutter 대학'),
    ),
    body: Container(
      width: double.infinity,
      child: Column(
        children: [
          TextField(
            decoration: InputDecoration(
              hintText: '이름',
            ),
            onChanged: (text) {
              name = text;
            },
          ),
          TextField(
            controller: myController, // 이것을 추가
            decoration: InputDecoration(
              hintText: '취미',
            ),
          ),
          ElevatedButton(
```

---

*16 https://flutter.dev/docs/cookbook/forms/text-field-changes

```
            child: Text('신규 등록'),
            onPressed: () {
              // TODO: 신규 등록
            },
          ),
        ],
      ),
    ),
  );
}
```

그리고 ElevatedButton에서 버튼을 눌렀을 때 다음과 같이 TextField에 입력된 값을 취득할
수 있도록 한다.

```
ElevatedButton(
  child: Text('신규 등록'),
  onPressed: () {
    final hobbyText = myController.text;
  },
),
```

이와 같이 취득한 값을 **실제로는 서버에 송신하여 신규 등록 처리를 하게 된다.** 이 책에서는 다루
지 않지만 여기까지로 어느 정도 감각을 익혔으리라 생각된다.

3.7 리스트 만들기

이 장의 마지막 주제는 뉴스 앱이나 SNS에 있는 목록을 만들어 보는 것이다. 이것이 가능해지
면 앱 만들기도 상당히 수준급이 된다.

3.7.1 초기 상태

앞에서 입력 폼을 만들었는데 여기서는 TextField 등을 일단 지우고 다음 상태에서 시작한다.

```
class _MyHomePageState extends State<MyHomePage> {
  @override
  Widget build(BuildContext context) {
    return Scaffold(
      appBar: AppBar(
        backgroundColor: Theme.of(context).colorScheme.inversePrimary,
        title: Text('Flutter 대학'),
      ),
      body: Container(
        width: double.infinity,
      ),
    );
  }
}
```

3.7.2 리스트 만들기

'Cookbook*17'에 있는 'Lists' 항목을 연다. 그 안에서 다시 'Use lists*18'을 살펴본다.
맨 위에 있는 샘플 코드는 다음과 같다.

```
ListView(
  children: <Widget>[
    ListTile(
      leading: Icon(Icons.map),
      title: Text('Map'),
    ),
    ListTile(
```

---

*17 https://flutter.dev/docs/cookbook/lists

*18 https://docs.flutter.dev/cookbook/lists/basic-list

```
      leading: Icon(Icons.photo_album),
      title: Text('Album'),
    ),
    ListTile(
      leading: Icon(Icons.phone),
      title: Text('Phone'),
    ),
  ],
);
```

우선은 아무 것도 생각하지 말고 이것을 복사하여 좀 전에 만든 Container의 child로 이 List View Widget을 넣어보자.

그러면 코드는 다음과 같이 될 것이다.

```
class _MyHomePageState extends State<MyHomePage> {
  @override
  Widget build(BuildContext context) {
    return Scaffold(
      appBar: AppBar(
        backgroundColor: Theme.of(context).colorScheme.inversePrimary,
        title: Text('Flutter 대학'),
      ),
      body: Container(
        width: double.infinity,
        child: ListView(
          children: <Widget>[
            ListTile(
              leading: Icon(Icons.map),
              title: Text('Map'),
            ),
            ListTile(
              leading: Icon(Icons.photo_album),
              title: Text('Album'),
            ),
            ListTile(
```

```
              leading: Icon(Icons.phone),
              title: Text('Phone'),
            ),
          ],
        );
      ),
    );
  }
}
```

화면은 그림 3.62와 같이 된다.

그림 3.62   리스트

복사해서 붙여넣기만 했는데 분위기가 달라졌다!

현재 ListView의 children 안에는 ListTile이 3개 있을 뿐이다. Column과 매우 비슷하다. 현재 상태로는 Column과 거의 다르지 않다. **화면에 다 들어가지 않을 정도로 나열하면 스크롤할 수 있게 된다**는 정도만 다를 뿐이다.

또 ListView 아래에는 ListTile을 놓는 것이 전형적인 사용법이지만 무엇을 놓아도 상관없다. Text를 넣을 수도 있고 Container를 넣어도 괜찮다.

그런데 ListTile은 적당한 여백과 왼쪽과 오른쪽에 아이콘, 가운데에 타이틀과 부제목을 놓을 수 있다는 점에서 편리한 Widget이다. 또 onTap 파라미터도 갖고 있으므로 탭했을 때 화면을 전환시키는 등 코드를 쓰는 데도 편리하므로 ListTile을 사용하는 것이 무난하다.

여기까지가 ListView의 기본이다.

3.7.3 ListView.builder

이번에는 'Cookbook' 안의 'Work with long lists*19'를 살펴보자.

좀 전의 방법은 데이터의 수가 미리 정해져 있으면 사용할 수 있는 방법이지만 실제 앱 개발에서는 리스트에 표시할 데이터의 수는 그때그때 바뀐다. 그럴 때에는 이번에 배울 ListView.builder가 편리하다.

'Cookbokk*20'의 샘플에서는 만 개의 요소를 갖고 있는 List를 생성하고 있다.

```
final items = List<String>.generate(10000, (i) => "Item $i");
```

다음과 같이 표시한다.

```
ListView.builder(
  itemCount:
  items.length, itemBuilder: (context, index) {
    return ListTile(
      title: Text('${items[index]}'),
    );
  },
);
```

좀 전에는 **children**에 Widget을 직접 넣었지만 이번에는 **itemCount**에 숫자를 넣으면 그 수만큼 **itemBuilder** 안의 처리가 일어나 그 결과 리스트가 표시된다.

여기까지 완성된 코드는 다음과 같다.

```
class _MyHomePageState extends State<MyHomePage> {
  final items = List<String>.generate(10000, (i) => "Item $i");
```

---

*19 https://docs.flutter.dev/cookbook/lists

*20 https://flutter.dev/docs/cookbook/lists/long-lists

```
@override
Widget build(BuildContext context) {
  return Scaffold(
    appBar: AppBar(
      title: Text('Flutter 대학'),
    ),
    body: Container(
      width: double.infinity,
      child: ListView.builder(
        itemCount: items.length,
        itemBuilder: (context, index) {
          return ListTile(
            title: Text('${items[index]}'),
          );
        },
      ),
    ),
  );
}
```

그림 3.63 리스트에 아이템 번호가 표시된다.

10,000개의 문자를 생성하여 'Item' 다음에 번호를 각각 표시하고 있다.

```
final items = List<String>.generate(10000, (i) => "Item $i");
```

이 처리의 의미를 모르겠다면 다음과 같이 변경해서 다시 빌드해 보기 바란다.

```
final items = ['kboy1', 'kboy2', 'kboy3', 'kboy4', 'kboy5',
'kboy6', 'kboy7'];
```

그러면 items 배열의 수만큼 표시될 것이다.

그림 3.64 items 배열을 리스트로 표시

이 경우 items는 7개의 'item'을 표시하는 형태이지만 items가 **몇 개든 처리할 수 있다.**

이상으로 ListView의 설명 및 이 장의 설명이 끝났다.

여기까지 Flutter의 기초를 어느 정도 몸에 익혔지만 코드 작성법에 관해서 아직 조금 불안한 사람도 있을 것이다. 하지만 걱정할 필요는 없다. 다음 장에서 Dart 프로그램에 대해 배워 보자.

제 4 장

Dart를 통해 프로그래밍의 기초를 배워 보자

제3장에서는 Flutter로 앱의 UI를 구성하는 방법을 배웠다. UI를 구성할 수 있게 되면 앱 개발 작업을 진행할 수 있으므로 우선 제3장까지의 내용을 마스터하는 것이 중요하다.

그러나 앱 개발을 계속하다 보면 UI를 구성하는 지식만으로는 할 수 없는 일들이 늘어난다. 이때 필요한 것이 바로 Dart에 대한 지식과 프로그래밍의 기초 지식이다.

프로그래밍을 문법부터 외우려고 하면 머리에 전혀 들어오지 않는 사람이 많을 것이다. 그럴 때는 해당 문법이 앱 개발의 어떤 부분에서 사용되는지를 알게 되면 쉽게 이해할 수 있다. 이것은 영어를 배울 때도 마찬가지로 **사용하는 장면을 상상하면서 외우면 효과적**이기 때문이다.

앱 개발을 어떻게 진행하는지 어느 정도 알게 되었다면 이제 Dart와 프로그래밍의 기초를 공부해 보자.

4.1 변수란?

제3장까지 진행하면서 이미 변수가 등장했었다.

다음이 바로 변수이다.

```
String name;
```

변수란 값을 넣어두는 '상자'와 같은 것이다. 위의 코드에 있었던 'name'이라는 이름의 변수는 String형의 값을 넣을 수 있는 상자이다. 참고로 String은 나중에 설명하므로 지금은 몰라도 괜찮다.

그림 4.1 변수란?

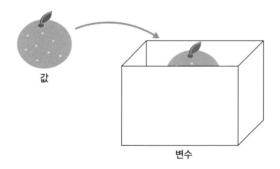

값

변수

그림 4.1에 보이는 것처럼 귤이 상자에 들어 있는 이미지를 떠올리면 이해하기 쉬울 것이다. 아무 것도 들어 있지 않다면 상자는 비어 있게 되고 귤이 들어 있다면 꺼낼 수 있다.

4.1.1 변수명은 자신이 정할 수 있다

다시 다음과 같은 name이라는 변수를 만들어 보자.

```
String name = 'kboy'
```

기본적으로 변수명은 자신이 직접 정할 수 있다. 'n'이어도 괜찮고 'a'여도 괜찮으며 'nameA'라고 해도 괜찮다.

그런데 Flutter나 Dart에 미리 마련되어 있는 변수나 다른 엔지니어가 만든 변수명에 관해서는 그를 따라 사용하게 된다.

예를 들어 Flutter에서 TextField에 값을 넣는 처리를 쓸 때에는 `TextEditingController`라는 클래스를 사용하는데 여기에 마련되어 있는 `text`라는 변수를 사용하면 **TextField에 입력된 문자열**을 취득할 수 있다.

```
final a = textEditingController.text;
```

이것은 Flutter를 개발한 엔지니어가 붙인 변수명이므로 마음대로 다른 이름을 사용하면 값을 구할 수 없게 된다. 이와 같이 정의된 변수명은 앱이나 프레임워크의 규모가 커지면 많은 사람에게 영향을 주므로 중요하다. 설령 자기만 개발하는 앱이라 하더라도 최소한 알기 쉬운 이름을 붙이는 것이 중요하다.

4.1.2 값이 들어간 상태와 들어 있지 않은 상태

다음은 **상자에 귤이 들어 있지 않은 상태**에 대해서 자세히 살펴보자. Dart에서는 그림 4.1에서 말한 상자에 귤이 들어 있지 않은 상태를 null이라고 표현한다.

정확히는 귤이 들어 있지 않은 상태와 들어 있는 상태는 다음과 같은 코드로 설명할 수 있다.

🦴 귤이 없는 상태

귤이 들어 있지 않은 상태는 다음과 같이 쓴다.

```
String? name;
```

또는 다음과 같이도 쓸 수 있다.

```
String? name = null;
```

🦶 귤이 들어 있는 상태

귤이 들어 있는 상태는 다음과 같이 쓴다.

```
String? name = 'kboy';
```

차이는 값이 들어 있는지 아닌지이다. 그리고 값이 들어 있지 않은 상태의 경우 null이 들어 있어 null이라는 것을 명시적으로 대입하면 아무 값도 들어 있지 않은 상태를 만들 수 있다.

4.2 변수와 '형'

변수에 대해 좀 더 자세히 살펴보자.

상자에 대해서는 귤을 넣을 수 있는 상자인지 넣을 수 없는 상자인지를 정할 수 있다.

그림 4.2 변수의 '형'이란?

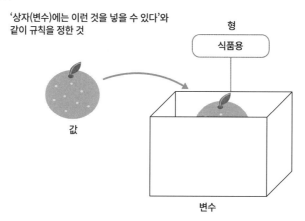

그림 4.2의 이미지로 설명하자면 식품용 상자에는 귤이나 사과는 넣을 수 있지만 **개나 책상 등은 넣을 수 없게 된다.** 식품용이라고 뭉뚱그린 형으로 정의를 할 수도 있고 귤 전용 상자와 같이 엄격한 룰을 설정할 수도 있다.

그러면 이제 Dart 프로그래밍에서 사용하는 형의 종류에 대해 자세히 살펴보자.

4.3 다양한 '형'

먼저 String과 int와 bool을 소개하겠다. 이들은 매우 자주 사용되는 형이다.

그림 4.3 대표적인 '형'

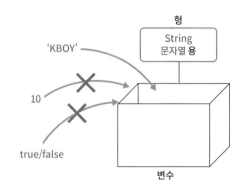

그림 4.3에서 String, int, bool을 설명했는데 이들을 코드로 써 보면 다음과 같다.

name은 String 형이므로 '나 "로 둘러싼 문자열만 넣을 수 있다. 예를 들어 '10'과 같은 숫자는 넣을 수 없다.

반대로 age는 int 형이므로 숫자만 넣을 수 있다. age에는 'kboy'도 넣을 수 없으며 '30'이라는 문자열도 넣을 수 없다.

사람은 '30'이 숫자라는 것을 알지만 Dart는 모르기 때문에 실제 숫자인지 아닌지는 "로 둘러싼 시점에서 String 형이라고 이해한다. 그래서 30은 넣을 수 있지만 '30'은 넣을 수 없게 된다.

'30'이 숫자 아니냐고 생각할지 모르지만 Dart는 ' '나 ""로 둘러싼 것은 문자열로 판단한다.

예를 들어 시부야의 '109'는 숫자가 아니라 가게 이름이다. 문자열로 취급되는 숫자는 계산 등에는 사용할 수 없다. age 30을 다음 해에 자동으로 31로 만드는 코드는 쓸 수 있지만 '109'가 내년에 '110'이 되면 곤란할 것이다.

그리고 Bool 형의 경우는 true인지 false인지만 들어갈 수 있다. 'Yes'나 'No'라는 값을 나타낼 때 자주 사용하는 형이다(자세한 것은 나중에 설명한다).

```
String name = 'kboy';
```

```
int age = 32;
```

```
bool isEngineer = true;
```

이 외에도 여러 가지 형이 있다. 문법은 다소 차이가 있지만 대부분의 프로그래밍 언어에는 이런 형이 마련되어 있다. 프로그래밍 언어를 하나 마스터하면 다른 프로그래밍 언어로 옮겨가도 빨리 이해할 수 있는 이유는 형이 어느 정도 공통적이기 때문이다(Boolean 또는 bool 등과 같이 문법 표기에는 다소 차이가 있다).

형을 사용하면 해당 상자(변수)에 넣는 것을 제한할 수 있으므로 코드도 읽기 쉬워지며 버그도 생기기 힘들어진다.

참고로 Dart에는 dynamic이라는 형이 있는데 이 형은 무엇이든 넣을 수 있는 형이다. dynamic을 사용하면 뭐든지 넣을 수 있기 때문에 편하지만 **너무 많이 쓰면 무엇이 들어 있는지 모르는 변수가 많이 생겨 버그도 생기기 쉬운 위험한 코드가 된다.**

 ## 4.4 각각의 '형' 설명

하나하나의 형을 조금 더 자세히 살펴보자.

먼저 가장 많이 나오는 String이다.

4.4.1 String이란?

그림 4.4   String형

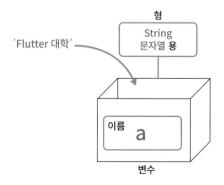

String은 문자열의 형이다.

다음과 같이 작은따옴표(')나 큰따옴표(")로 묶으면 문자열로 취급할 수 있다[1].

```
String a = 'Flutter 대학';
String b = "kboy";
```

예를 들어 'a'라는 변수를 명시적으로 String이라고 지정하려면 다음과 같이 a라는 변수명 앞에 String을 붙이고 스페이스를 둔다.

```
String a = 'Flutter 대학';
```

또한 명시적으로 String을 붙이지 않고 다음과 같이 써도 a는 자동으로 String형 변수가 된다.

```
final a = 'Flutter 대학';
```

참고로 다음과 같이 쓸 수도 있다[2].

```
final String a = 'Flutter 대학';
```

변수명 앞에 명시적으로 String형을 붙이는 이유는 사람이 봤을 때 알기 쉽다는 것과 빌드를 할 때 컴퓨터가 형을 쉽게 인식할 수 있어서 빌드가 빠르다는 장점이 있기 때문이다(아주 약간의 차이지만).

또 다음과 같이 초기값을 넣지 않은 상태에서 선언을 할 때는 명시적으로 형을 나타내지 않으면 a에 String이 들어가는지, int가 들어가는지, bool이 들어가는지 모르기 때문에 변수명 앞에 형을 지정해야 한다.

```
String a;
```

---

[1] 둘 중 어느 쪽을 사용해도 상관없지만 전체적으로 통일되게 하는 것이 코드가 '보기 좋다'. Android Studio나 Visual Studio Code의 설정에서 강제로 지정할 수도 있다.

[2] https://dart.dev/tools/linter-rules/omit_local_variable_types에 따르면 형은 가능한 한 생략하는 것이 좋다고 되어 있다.

그렇지 않으면 자동으로 dynamic형이 되어 뭐든지 넣을 수 있는 상자가 만들어진다. dynamic이 안 좋다는 것은 아니지만 Dart에 형이 마련되어 있으므로 기본적으로는 형을 사용하는 것이 좋다는 것이다.

♭ 문자열의 결합 · 변수 치환

실제로 String형을 어떻게 사용하는지 살펴보자.

다음과 같이 2개의 String을 합쳐서 하나의 문자열로 만들 수 있다.

```
Srting a = 'Flutter' + ' 대학';
```

또 좀 전의 a라는 변수가 있을 때 다음과 같이 달러 표시를 사용하여 $a라고 쓰면 a 변수를 치환하여 문자열에 포함시킬 수 있다. 즉, 다음 코드의 경우 'Flutter 대학은 재미있다'가 된다.

```
final b = '$a은 재미있다';
```

변수가 int인 경우도 문자열로 치환해 준다.

다음과 같이 number라는 변수에 들어 있던 2라는 값을 치환시켜 '2등은 안 되나요?'라는 String을 만들 수 있다.

```
final number = 2;
final c = '$number등은 안 되나요?';
print(c); // →2등은 안 되나요?
```

♭ 줄바꿈 코드

다음은 줄바꿈 코드를 살펴보자.

이것은 Dart에 국한된 이야기는 아니지만 \n을 줄바꿈 코드라고 하여 프로그램에 포함시키면 출력할 때 줄을 바꾼다는 의미가 된다*3.

```
String a = 'Flutter 대학은\n재미있다';
```

---

*3 참고로 백슬래시 '\'를 키보드에서 입력하려면 macOS 키보드의 경우 `option` + `w`를 누른다.

코드를 출력하면 다음과 같이 된다.

> Flutter 대학은
> 재미있다

✍ 3연속 작은따옴표

'''와 같이 작은따옴표를 3개 연속해서 문자열을 묶으면 그 안에서 그대로 줄바꿈을 나타낼 수 있다.

> String b = '''
> Flutter 대학은
> 재미있다
> '''

\n을 사용하지 않아도 줄바꿈을 직관적으로 나타낼 수 있으므로 편리하다.

4.4.2 int란?

그림 4.5 int형

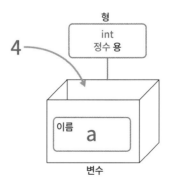

이번에는 숫자를 표현하는 형인 int와 double에 대해 살펴보자.

🐦 int란?

먼저 String 다음으로 유명한 형인 int부터 살펴보자.

int는 정수를 대입할 수 있는 형이다.

```
int a = 1;
int b = 3;
```

이와 같이 int형 변수에는 숫자(정수)를 대입할 수 있다. 정수는 음수도 포함한다.

```
int c = -1;
```

하지만 0.5와 같은 소수는 int로 표현할 수 없다. 소수는 다음에 설명할 double로 표현할 수 있다.

🐦 <칼럼> double이란?

그림 4.6   double형

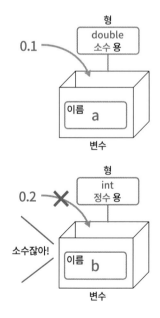

int와는 달리 소수를 대입할 수 있는 형이 double이다. 좀 전의 int에서 소개한 것처럼 소수는 double에는 대입할 수 있지만, int에는 대입할 수 없다. double형에는 다음과 같이 0.5를 대입할 수 있다.

```
double a = 0.5;
```

그러나 다음과 같이 int 변수에는 0.5를 넣으려고 하면 오류가 발생한다.

```
int b = 0.5
```

double은 Flutter의 Widget을 구성할 때 자주 등장한다. Padding에서 여백의 크기를 정할 때나 Container의 높이를 정할 때 많이 쓴다. 예를 들어 다음과 같은 Container의 height는 double형으로 되어 있다.

```
Container(
  height: 100.0,
);
```

참고로 이 height는 반드시 소수여만 하는 것은 아니라 정수도 넣을 수 있다. 즉, **double은 소수를 대입하는 것이지만 정수도 넣을 수 있다는 것이다.**

4.4.3 bool이란?

그림 4.7 bool형

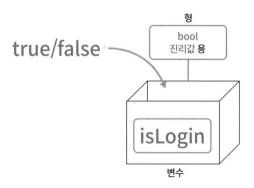

bool형이란 진리값(true/false)만 넣을 수 있는 형이다.

진리값이란 '참'인지 '거짓'인지를 나타내는 것으로 bool형에서는 각각 true와 false로 표현한다. '참'은 'true', '거짓'은 'false'가 된다.

Flutter 앱 개발에서는 다음과 같이 사용한다.

🐦 로그인했으면 isLogin은 'true'

```
bool isLogin = true;
```

🐦 로그인하지 않았으면 isLogin는 'false'

```
bool isLogin = false;
```

bool 변수에는 String(문자열)이나 int(정수)와 마찬가지로 'true'와 'false' 이외의 값은 넣을 수 없다.

4.4.4 연산자를 사용하여 bool을 표현하기

다음은 수학에서 사용하는 =(이퀄)과 같은 연산자를 사용한 bool 표현에 대해 살펴보자.

if문에서 다음과 같이 쓴 것을 본 적이 있을 것이다.

```
if (a == 1) {
   print('a는 1이다')
}
```

이 경우 다음과 같은 의미가 된다. [4]

- a가 1이면 a == 1은 true
- a가 1이 아니면 a == 1은 false

그래서 a == 1은 다음과 같은 bool형 변수 b에 넣을 수 있다.

---

[4] 참고로 프로그래밍에서는 왼쪽과 오른쪽이 같은지를 비교할 때는 '='를 하나가 아니라 2개 사용한다. '='를 하나 사용하는 경우는 '왼쪽의 변수에 오른쪽의 값을 넣는다'는 뜻이 되므로 좌우 비교를 할 수 없다.

```
bool b = a == 1;
```

이 변수 b를 사용하여 if문을 다음과 같이 쓸 수도 있다.

```
if (b) {
  print('a는 1이다')
}
```

b와 **a == 1**은 둘 다 **bool값**이므로 if문의 조건으로 () 안에 넣을 수 있다[5].

참고로 다음과 같이 쓸 수도 있지만 이렇게 쓰면 수고가 더 든다. b는 원래 bool형이므로 굳이 그것이 true인지 아닌지라는 bool형을 만들기 위해 b == true라고 쓸 필요가 없는 것이다. 틀리지는 않았지만 보통은 다음과 같은 형태로는 쓰지 않는다.

```
if (b == true) {
  print('a는 1이다')
}
```

참고로 if문은 () 안에 true 또는 false를 넣어, true이면 {} 안의 코드를 통과하고 false이면 통과하지 **않는다**는 구문이다. 이에 대해서는 나중에 설명한다.

그림 4.8 자주 사용하는 연산자

연산자	의미
==	좌변과 우변이 같다.
!=	좌변과 우변이 다르다.
>	좌변이 우변보다 크다.
<	좌변이 우변보다 작다.
>=	좌변이 우변보다 크거나 같다.
<=	좌변이 우변보다 작거나 같다.

※ 위 연산자는 '비교연산자'라고 하는 연산자의 일부이다.
Dart에는 그 외에도 다양한 연산자가 있다.

---

[5] print는 앱을 배포하는 단계가 오면 권장하지 않으므로 사용할 때 노란선이 나오지만, 연습 단계에서는 신경 쓸 필요가 없다. 필자도 가끔 사용한다.

4.4.5 배열이란?

그림 4.9 배열의 이미지

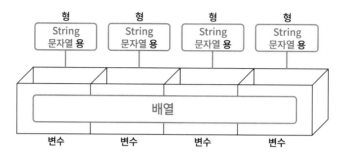

이제 배열에 대해 살펴보자. 배열을 사용하면 똑같은 형으로 된 인스턴스를 여러 개 저장할 수 있다. String 배열은 String형만 여러 개 가질 수 있고, int형 배열은 int형만 여러 개 가질 수 있다. 반대로 String과 int형이 섞여 있는 배열은 만들 수 없다[6].

다음 코드는 String 배열이다. 콤마로 구분하여 [ ] 안에 요소를 여러 개 쓸 수 있다.

```
List<String> languages = ["Dart", "Java", "Ruby", "PHP"];
```

int 배열의 경우는 다음과 같이 쓴다.

```
List<int> numbers = [1, 2, 3, 4, 3];
```

또 별로 사용하지는 않지만 bool 배열은 다음과 같이 쓸 수 있다.

```
List<bool> bools = [true, false, true, true];
```

여기까지 languages, numbers, bools라는 3종류의 변수명을 썼는데 이름은 뭐든지 상관없다. 코드를 쓰는 사람이 자유롭게 정할 수 있다.

---

[6] dynamic형 배열로 하면 뭐든지 넣을 수 있지만, 그다지 권장하지 않는다.

🐾 <칼럼> 배열의 요소를 세는 방법

배열의 내용(요소)을 지정하여 꺼내고 싶을 때는 첨자(index)를 지정하여 꺼낼 수 있다. 첨자는 1이 아니라 0부터 시작한다는 점에 주의하기 바란다.

그림 4.10 배열과 index

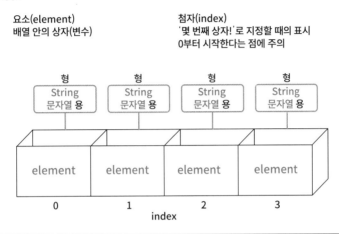

🎸 배열에 사용할 수 있는 메서드

배열의 요소에 대해 한꺼번에 어떤 처리를 하고 싶을 때 사용할 수 있는 메서드가 몇 가지 있다. **메서드란 어떤 값에 대해 '.'(닷)로 연결하여 사용할 수 있는데 그 값에 변경이 가해지는 것이다.**

배열에 존재하는 메서드는 대략 10종류 정도가 있지만 여기서는 사용 빈도가 높은 forEach와 map만 소개하겠다.

여기서는 다음 배열을 사용해서 조작해 보겠다.

```
List<String> languages = ["Dart", "Java", "Ruby", "PHP"];
```

🎸 forEach

먼저 forEach부터 살펴보자. forEach를 사용하면 배열의 요소를 순서대로 꺼내 어떤 처리를 할 수 있다.

다음 예에서는 languages 배열의 각 요소를 순서대로 print*7하고 있다.

```
languages.forEach((language) {
  print(language) }
);
```

위 코드를 실행하면 languages의 내용이 순서대로 print되어 콘솔에 다음과 같이 출력된다.

```
Dart
Java
Ruby
PHP
```

✍ map

또 map은 리스트뷰 표시 등에 자주 사용된다. map을 사용하면 배열 요소의 형을 한꺼번에 다른 형으로 변환할 수 있다.

다음 예에서는 String형 배열을 Text Widget형 배열로 변환하고 있다.

```
List<Text> languageTexts = languages.map((language) =>
Text(language)).toList();
```

map한 뒤에 toList()를 붙이는 것은 규칙이다.

이 단계에서는 forEach나 map을 외울 필요는 없다. 배열에는 편리한 메서드가 있어서 배열을 여러 가지로 조작할 수 있다는 것만 기억해 두기 바란다. 그 외에도 배열에 대해 사용할 수 있는 메서드가 여러 가지 있으므로 실제로 앱 개발을 시작할 때 조사해 보기 바란다.

---

*7 print는 개발 중에 사용할 수 있는 Android Studio나 Visual Studio Code와 같은 에디터에 붙어 있는 콘솔(동작 확인용으로 문자열이 출력되는 곳)에 문자열을 출력할 수 있는 것이다.

4.5 변수와 상수

그림 4.11 변수와 상수

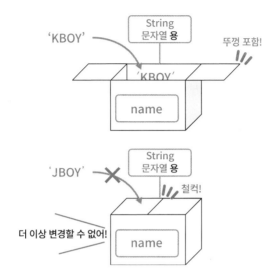

지금까지 기본적인 형에 대해 배웠다.

여기서 변수와 상수의 차이에 대해 설명하므로 잘 구분해서 사용하기 바란다.

4.5.1 변수란?

변수는 이름 그대로 바뀌어도 되는 '값을 넣는 상자'이다.

```
String name = 'KBOY';
```

위 코드에서 name은 변수이므로 이름을 'KBOY'에서 'JBOY'로 바꿀 수 있다.

```
String name = 'KBOY';
name = 'JBOY'; // 이것은 OK!!
```

참고로 var를 사용하여 다음과 같이 변수를 정의할 수도 있다.

```
var name = 'KBOY';
```

그러나 다음에 소개할 상수는 이름을 'JBOY'로 바꿀 수 없다.

4.5.2 상수란?

상수란 값이 **일정**한 '값을 넣는 상자'이다.

다음 코드와 같이 final을 붙이면 name은 상수가 되므로 값을 변경하려고 하면 오류가 발생한다.

```
final String name = 'KBOY';
name = 'JBOY'; // 이것은 불가능하다!!!
```

변수가 더 유연하니까 '전부 변수로 만들면 되겠다'고 생각하는 사람이 있을지도 모른다.

그러나 **코드를 쓸 때는 가능한 한 상수를 사용하는 편이 좋다.** 그 이유는 나중에 변경할 수 없다는 것을 보장함으로써 보기가 좋고 버그가 생기기 어려운 코드로 만들 수 있기 때문이다.

예를 들어 name은 'KBOY'에서 바꾸고 싶지 않은데 name을 변수로 만들어 두며 나중에 다른 사람이 코드를 건드려 name을 마음대로 'JBOY'로 바꾸는 코드를 추가할 수 있게 된다.

이런 일들이 쌓이고 쌓이면 앱이 의도하지 않은 방향으로 움직여 버그가 발생할 수 있다.

위와 같은 이유로 가능한 한 상수를 사용하는 편이 좋다.

4.5.3 상수의 수식자 const와 final

Dart에는 상수를 나타내는 수식자로 const와 final이 있다.

- const는 컴파일 시에 값이 확정된다.
- final은 실행(빌드) 시에 값이 확정된다.

위와 같은 차이가 있다. 컴파일이란 코드를 쓴 순간에 이루어지는 Dart의 문법 체크와 같은 것이다. 실행이란 쓴 코드를 실제로 스마트폰 등에서 움직이는 것을 말한다.

즉, const인 상수는 코드를 쓰고 있을 때 값이 확정되어야 한다는 것이다. 확정된 값만 넣을 수 있다. 예를 들어 '사용자가 로그인했는가?'를 나타내는 `bool isLogin;`이라는 변수가 있다고 할 때 const a = isLogin;과 같이 쓸 수 없다. 왜냐하면 사용자가 로그인했는지 아닌지는 실행할 때까지 모르기 때문이다.

한편 final a = isLogin;은 가능하다. 실행하면 사용자가 로그인했는지 확인할 수 있기 때문이다.

그림 4.12 final과 const

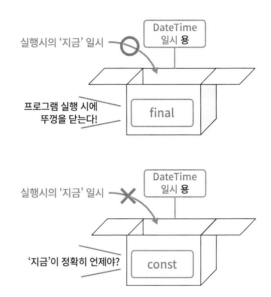

const로 만들 수 있다면 const로 해 두면 더할 나위 없다. 왜냐하면 컴파일 시에 값이 바뀌지 않는다는 것을 확정할 수 있으므로 코드 실행 시에 새로 내용을 체크할 필요가 없기 때문이다. 사소한 차이이기는 하지만 const가 많으면 많을수록 실행이 빨라진다.

그렇다고 해서 사실 직접 const인지 final인지 판단할 필요는 없다. Dart에는 Dart Analysis라고 코드를 해석해 주는 기능이 있어서 여기에 체크를 맡기면 const로 해야 할 코드에 경고가 표시되므로 쉽게 알 수 있다.

그림 4.13은 const를 붙이라는 경고를 많이 받고 있는 예이다.

그림 4.13 경고의 예

4.6 클래스와 인스턴스

변수와 상수에 대해 이해를 했다면 다음은 클래스와 인스턴스를 이해할 차례이다.

Dart를 사용하여 Flutter 개발을 할 때는 클래스와 인스턴스를 이해하는 것이 매우 중요하다. 이것을 이해하지 않고도 앱을 만들 수 있는 경우도 많지만 알고 있으면 초보자와 단숨에 격차를 벌일 수 있는 지식이므로 제대로 기억해 두자.

4.6.1 클래스란?

먼저 클래스이다. 클래스는 형이라고 부르는 경우도 있다. **String이나 int, bool은 처음부터 마련 되어 있는 형**이지만 앱 개발을 할 때는 처음부터 마련되어 있는 형뿐만 아니라 자신이 직접 형 (클래스)을 만들 수도 있다. 직접 형을 만들면 실제로 움직이는 앱과 똑같은 것(Todo 앱이면 Todo 클래스, 자동차 앱이면 Car 클래스 등)을 만들 수 있기 때문에 편리하다.

그림 4.14와 같이 설계도라고 표현하는 것이 이해하기 쉬울지도 모른다.

그림 4.14 TODO 클래스는 TODO의 설계도

클래스란
앱 안에서 다루는 것의 **설계도**

클래스

TODO의 설계도
① 할 내용(문자열 형)
② 완료했는지(진리값 형)

클래스는 그것만으로는 실체를 가지지 않지만 형을 정의한다는 이미지로 생각하면 좋을 것이다.

예를 들어 다음은 필자가 만든 Todo 클래스이다. 이 정의의 경우 Todo라는 클래스는 String형인 title과 Bool형인 isDone이라는 필드를 갖고 있다[8].

```
class Todo {
  String title;
  bool isDone;
}
```

4.6.2 인스턴스란?

다음은 인스턴스이다.

정의된 클래스를 베이스로 실체를 만드는 것을 인스턴스라고 한다. 즉, Todo를 예로 들면 할일(Todo)이 3개 있는 경우 인스턴스를 3개 만들게 된다.

그림 4.15의 경우 다음 3개의 인스턴스가 만들어져 있다.

- title이 '빨래'인 Todo 인스턴스가 하나
- title이 '청소'인 Todo 인스턴스가 하나
- title이 '장보기'인 Todo 인스턴스가 하나

---

[8] 클래스의 파라미터를 필드 또는 프로퍼티라고 한다.

그림 4.15 인스턴스의 이미지

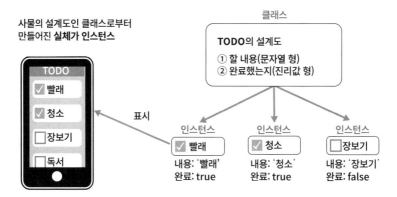

인스턴스 만드는 법

다음은 인스턴스를 만드는 방법을 살펴보자.

정의된 Todo 클래스는 인스턴스를 만들어야 비로소 의미를 가진다.

그림 4.16 인스턴스 만들기

일반적으로 Todo 클래스의 인스턴스를 만들 때는 다음과 같이 한다. todo라는 이름의 변수에 Todo가 인스턴스화되어 들어간다.

이와 같이 클래스 이름 뒤에 ()를 붙이면 인스턴스가 만들어진다.

```
final todo = Todo();
```

() 안에 title이나 isDone와 같은 프로퍼티를 넣어서 인스턴스를 만들 수도 있다. 이를 **인수**라고 한다.

```
final todo = Todo('청소', true);
```

참고로 인스턴스를 만드는 것을 '**초기화**(initialize, init)'라고도 한다.

이번에는 인스턴스를 만드는 것에 대한 개념을 이해하는 것이 목적이므로 설명은 여기까지만 하겠다.

4.8 '!'이나 '?'란?

4.1의 '변수란?'에서 아무 것도 들어 있지 않은 상태를 null이라고 한다고 했다. 이번 섹션에서는 null에 대해서 좀 더 자세히 설명을 하고 null을 사용하는 구체적인 방법을 소개하겠다.

4.8.1 null이란?

기본적으로는 변수를 만들어도 그 안에 값을 넣지 않으면 null이 된다. 그림 4.1의 경우 귤을 넣지 않은 상태의 변수가 null이다.

null을 허용한다는 말이 있는데 Dart는 null을 허용할 수도 있고 허용하지 않도록 쓸 수도 있다. null 허용(null Safety)이란 그림 4.1의 경우 **귤 상자가 비어 있어도 되는지 아닌지를 명시적으로 쓴다**는 규칙이라고 생각하면 좋다.

이제 ① null을 허용하지 않은 경우와 ② null을 허용하는 경우에 대해 설명하겠다.

4.8.2 null을 허용하지 않는 경우

예를 들어 다음과 같은 변수의 예를 생각해보자. 이것은 'String?'이 아니라 'String'으로 형을 지정하고 있는 경우이다.

```
String name;
```

'String?'이 아니라 'String' 형을 지정하는 경우는 null을 허용하지 않으므로 null을 넣을 수가 없다. 때문에 어떤 문자열을 초기값으로 넣어 둘 필요가 있다. **아무 것도 들어 있지 않은 상태가 허용되지 않기 때문이다.**

기본값으로 값을 넣거나 클래스 변수인 경우는 3.2 '화면 전환'에서 '값 전달'을 했듯이 기본 인수로 전달 받을 필요가 있다.

다음은 이 두 가지 패턴의 예이다.

🎸 기본값을 넣어 두는 경우

```
String name = 'KBOY';
```

🎸 기본 인수로 전달 받는 경우

```
class User {
  User(this.name);

  String name;
}
```

name에 null이 들어 있지 않다는 것을 보장할 때는 사용 시 다음과 같이 !나 ? 등을 사용하지 않고 쓴다. 나중에 설명할 null 허용의 경우에는 이 점에 주의해야 한다.

```
Text(user.name)
```

4.8.3 null을 허용하는 경우

null을 허용하는 경우는 다음과 같이 쓴다. **이 경우 name에 null이 들어 있어도 좋다는 규칙이므**로 기본값을 넣지 않아도 오류가 발생하지 않는다.

```
String? name;
```

그 대신 사용할 때 주의해야 할 점이 있다.

예를 들어 다음과 같은 User 클래스가 있을 때 name은 null이 될 수 있으므로 코드 작성에 주의가 필요하다. 이후에 null 허용 변수의 사용법을 4가지 소개하겠다.

```
class User {
  String? name;
}
```

① null이 아니라는 것을 확정하기 위해 '!'를 사용할 필요가 있다

먼저 !를 사용하는 패턴이다. name이 null이 아니라는 것을 정하는 코드 작성법이다.

!를 name 뒤에 붙이면 Sring?형이 String형으로 바뀌어 Text의 인수로 넣을 수 있다.

```
Text(user.name!)
```

② null이어도 좋은 경우는 '?'를 쓴다

다음 패턴은 ?를 쓰는 방법이다. 다음은 trimRight이라는 문자열의 오른쪽에 있는 공백을 제거하는 메서드를 사용하여 name에서 공백을 제거하는 예이다.

```
print(user.name?.trimRight()); // name이 null이라면 null이 print로 출력된다
```

이 경우 name이 null이면 그 다음 처리를 수행하지 않고 그대로 최종 아웃풋은 null이 된다. 만일 null인 경우 앱을 종료시키지 않고 처리를 계속하기 위해 null에 **대응하는 가장 무난한 방법**이다.

그런데 null인지 아닌지를 확정하기 위해 문제를 연기한다는 점에는 주의해야 한다.

최종적으로 확정시키기 위해 다음에 소개하는 ③과 ④의 방법을 사용한다.

③ null이었던 경우 무엇을 넣을지를 '??'를 사용하여 쓴다

null이라면 무엇을 넣을지를 쓰는 방법이다. name 다음에 ??를 붙이면 그 뒤에 null인 경우 무엇을 넣을지를 쓸 수 있다.

다음 예는 name의 값이 들어 있다면 그대로 사용하고 null이라면 '이름 없음'이라고 표시하는 코드이다.

```
Text(user.name ?? '이름 없음')
```

④ if문으로 null 체크를 한다

또 다른 방법은 null을 체크하여 null이라면 바로 리턴시킴으로써 그 후 처리에서는 null이 아니라는 것을 확정시키는 방법이다.

다음 예에서는 name이 null이면 로딩('기다리시오'라고 빙글빙글 돌아가는 마크) Widget을 표시하고 그 이외의 경우에만 Text Widget을 표시한다. 이와 같이 쓰면 값의 취득에 시간이 걸리는 통신을 하고 있는 경우 값이 아직 취득되지 않았을 때는 로딩을 표시하고 취득이 끝나면 Text를 표시한다는 유연한 처리가 가능하다.

```
if (user.name == null) {
  return CircularProgressIndicator();
}
return Text(user.name);
```

null 허용 변수를 다루는 방법은 위 4가지 패턴이 있다. 케이스바이케이스이지만 ④번 패턴이 사용자 동작 면에서도 알기 쉽고 코드 면에서도 안전하다고 생각한다.

또 null 허용 변수로 할지 말지도 경우에 따라 다르다. null과 잘 사귀어 보다 좋은 코드를 작성해 가도록 하자!

4.9 조건 분기

그림 4.17 조건 분기의 이미지

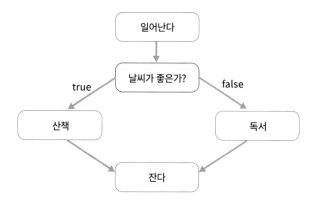

if문은 좀 전의 bool형 항목과 null 체크 부분에서 이미 등장했다.

이번에는 '**만일 (~)이라면 {~}한다**'라는 구문인 if문에 대해 자세히 설명하겠다.

'if'라는 영어를 알고 있다면 이미지를 더 쉽게 잡을 수 있을지도 모른다.

if문의 문법은 다음과 같다.

```
if (bool 값) {

}
```

bool isLogin = true;와 같은 bool형 변수가 미리 마련되어 있다면 다음과 같이 쓸 수도 있다.

```
if (isLogin) {

}
```

미리 준비된 변수가 없는 경우에도 다음과 같이 그 자리에서 bool값을 만들어 넣을 수도 있다.

```
if (a == 1) {

}
```

이상이 if문의 기본적인 작성 방법이다. 다음은 if문의 움직임에 대해 살펴보자.

if문은 ( ) 안의 값이 true인 경우 {} 안의 처리를 실행한다. 반대로 이 조건에 맞지 않는 경우는 {} 안의 처리를 실행하지 않고 건너뛰어 다음 처리로 간다.

if문은 '만일 ~이라면 ~'라는 구문이다. 영어 뜻과 마찬가지로 다음 예의 경우 만일 a가 1이라면 'Hi'라고 print한다는 문장이 된다.

```
if (a == 1) {
  // a == 1이 true라면 이 안의 처리로 들어온다
  print('Hi');
}
```

이상이 if문의 기초이다. 앞으로 '만일 ~이라면 ~'라는 처리를 해야 할 때는 if문을 사용하도록 하자!

4.10 반복 구문

그림 4.18 반복의 이미지

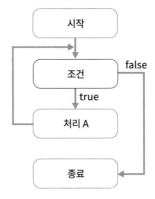

배열의 설명에서 forEach라는 함수가 나왔는데 이와 비슷한 요령으로 지정한 수만큼 반복하는 처리를 쓸 수 있다. 이를 for문이라고 한다.

β for문

기본 for문은 다음과 같다.

- int i = 0;은 시작 지점에서 i의 값
- i < 10은 얼마까지 증가시킬지에 대한 규칙
- i++는 한 번의 처리를 한 후에 i를 증가시키는 처리

```
for(int i = 0; i < 10; i++)
   // 여기가 10번 호출된다
}
```

이 작성법을 외우려고 하는 사람도 있을지 모르겠지만 꼭 외우지 않아도 된다. 필자도 딱히 외우고 있지 않다. 사용하고 싶을 때 Google 검색을 하거나 사용법을 찾을 수 있기만 하면 된다.

β for~in

for문의 다른 사용법은 다음과 같다.

```
for (city in cities){
   // cities 배열의 내용을 순서대로 꺼낸다
}
```

다음과 같은 cities가 있다고 하자.

```
final cities = ['대전', '대구', '부산'];
```

이 경우 다음과 같은 처리를 하면 어떻게 될까?

```
for (city in cities){
  print(city);
}
```

print는 콘솔에 값을 출력하는 함수이므로 순서대로 값이 출력된다.

정답은 **대전, 대구, 부산**이 순서대로 출력된다.

```
대전
대구
부산
```

이처럼 배열의 내용을 하나씩 꺼내 그에 대해 처리를 하는 것이 for와 in을 사용한 작성법이다. 이번에는 cities 배열의 내용이 3개뿐이었으므로 처리도 3번 반복된다. 만일 배열의 내용이 5개라면 5번, 10개라면 10번 반복된다.

```
final cities = ['대전', '대구', '부산', '광주', '인천', '춘천', '제주', '서귀포', '속초' '강릉'];

for (city in cities){
  print(city);
}
```

위 코드의 경우 처리가 10번 반복되어 대전, 대구, 부산, 광주, 인천, 춘천, 제주, 서귀포, 속초, 강릉이 순서대로 출력된다.

```
대전
대구
부산
광주
인천
춘천
제주
서귀포
속초
강릉
```

β forEach

앞에서 배열에서도 사용했지만 forEach라는 함수도 있다. forEach를 사용하면 배열의 내용을 순서대로 꺼내 처리를 할 수 있다.

다음 예에서는 languages 배열의 내용을 순서대로 print하고 있다.

```
languages.forEach((language) {
  print(language)
});
```

변경하고 싶은 배열 뒤에 연결하여 쓸 수 있으므로 처리하고 싶은 순서대로 문장을 쓸 수 있으며 짧고 깔끔하게 쓸 수 있다는 특징이 있다. 필자도 똑같은 처리를 할 때는 forEach를 사용하는 것을 선호한다.

그러나 avoid_function_literals_in_foreach_calls*9라는 Dart의 원칙이 있어서 forEach 안에서는 이 장의 마지막에 소개할 await가 올바르게 작동하지 않으므로 앞에서 설명한 for~in을 사용할 것을 권장하고 있다.

그러므로 주의해서 사용하자. 무난한 것은 for~in이다.

이상으로 for문의 기본적은 설명은 끝났다.

4.11 함수

마지막으로 함수에 대해 배워보겠다.

변수와 함수를 알면 프로그래밍의 기본은 90% 정도 이해했다고 해도 과언이 아니다.

그 정도로 함수는 코드 어디에서나 나오기 때문에 여기서 꼭 개념을 마스터해서 잘 사용하기 바란다.

함수의 기본 형태는 다음과 같다. 맨 앞에 함수가 출력할 형에 대해 쓰고 그 다음에 함수명(소문자로 시작하는 카멜케이스 권장)을 붙이고 ( )을 붙인 후 함수의 내용을 {} 안에 쓴다.

```
void doSomething(){
  // 여기에서 처리를 실행
}
```

그리고 이렇게 만든 함수를 사용할 때는 다음과 같이 쓴다.

---

*9 https://dart.dev/tools/linter-rules/avoid_function_literals_in_foreach_calls

```
doSomething();
```

여기까지가 기본 형태이다. 이를 조금 변형시켜 여러 가지 패턴의 함수를 살펴보자.

🐾 인수

( ) 안에는 인수를 정의할 수 있다. 외부에서 값을 받아 함수 안에서 사용할 수 있는 것이 인수이다.

```
void doSomething(String name){
    // 여기에서 처리를 실행, name을 사용할 수 있다
}
```

그리고 이 함수를 사용할 때는 다음과 같이 쓴다. 인수로 값을 받아 그것을 함수 안에서 사용할 수 있는 것이다.

```
doSomething('kboy');
```

이 인수는 정의만 하면 몇 개든 추가할 수 있다.

```
void doSomething(String firstName, String lastName){
    // 여기에서 처리를 실행, firstName과 lastName을 사용할 수 있다
}
```

이 doSomething 함수를 사용할 때는 다음과 같이 쓴다.

```
doSomething('Kei', 'Fujikawa');
```

또 사소한 규칙이지만 인수에 이름을 붙일 수가 있다.

다음과 같이 인수를 넣는 ( ) 안을 {}로 묶으면 {}로 둘러싸인 범위의 인수는 이름이 붙은 인수가 된다.*10

---

*10 String?과 같이 Null Safety로 하지 않는 경우는 required가 필요하다.

```
void doSomething({required String firstName, required String lastName}){
    // 여기에서 처리를 실행, firstName과 lastName을 사용할 수 있다
}
```

다음과 같이 사용하는 쪽에서 쓰는 방법을 보면 알기 쉬울 것이다. 좀 전의 이름 없는 인수와 비교하면 무엇을 전달하고 있는지를 명시적으로 확인할 수 있다는 점에서 뛰어나다. 인수가 많아지면 무엇을 전달해야 하는지를 알기 어려운 경우가 있기 때문이다.

```
doSomething(firstName: 'Kei', lastName: 'Fujikawa');

// 아래와 같이 써도 괜찮다
doSomething(lastName: 'Fujikawa', firstName: 'Kei');
```

또 이름으로 지정하고 있기 때문에 순서를 바꿔도 상관없다.

반대로 처음에 소개한 이름 없는 인수의 경우 순서가 중요하기 때문에 순서를 바꾸면 의미가 달라져 버린다.

만일 다음과 같은 함수가 있는데 각각의 인수의 형이 다른 경우 잘못 호출하면 오류가 발생하므로 오류를 깨닫기 쉽지만 좀 전의 firstName과 lastName처럼 똑같이 String형인 경우 오류가 발생하지 않고 움직이므로 오류를 깨닫지 못한 채 버그를 심어버릴 수도 있다.

```
void doSomething(String name, int age){
    // 여기에서 처리를 실행, name과 age를 사용할 수 있다
}
doSomething(32, 'Kei'); // 이 코드는 오류가 발생한다
```

반환값(리턴값)

지금까지의 처리 예에서는 함수가 값을 반환하는 일은 하고 있지 않지만 실제로는 값을 반환할 수도 있다.

예를 들어 다음과 같은 함수를 살펴보자(나이를 반환하는 함수이므로 맨 앞이 void가 아니라 int로 되어 있다).

```
int getAge(String name){
  return 32;
}
```

이 함수는 이름을 인수로 받아 나이를 반환하는 함수이다(그러나 이 상태로는 어떤 이름을 받아도 32세가 된다).

이 함수는 다음과 같이 사용할 수 있다.

```
final age = getAge('Kei');
print(age); // 32가 콘솔에 출력된다.
```

지금까지의 흐름에서 알 수 있듯이 함수라는 것은 인수라는 인풋을 받아 반환값이라는 아웃풋을 내는 것이다. 중학교 수학에서 함수라는 것이 나온 것을 기억하고 있을지도 모른다.

이 때의 함수는 $y = f(x)$, $f(x) = 2x$와 같은 이미지일 것이다. 이것은 **x라는 인수를 받아 y라는 값을 반환한다. 이것이 바로 함수이다.**

실제로 이 책에서도 이미 함수가 등장했었다.

맨 처음에 환경을 구축할 때 main.dart에 있었던 `main()`가 Flutter 앱을 시작할 때 가장 먼저 호출되는 함수이다.

```
void main() {

}
```

또 화면을 만들 때도 반드시 있었던 build( )도 함수이다.

```
class NextPage extends StatelessWidget {
  @override
  Widget build(BuildContext context) {
    return Scaffold();
  }
}
```

이처럼 처음부터 정의되어 있는 함수도 있다. 이런 것들은 Flutter를 개발한 사람이 미리 마련해 주고 있는 것들이다. 미리 마련되어 있는 함수를 사용하면서 직접 함수를 만들어 가면 잘 정리된 좋은 코드를 쓸 수 있을 것이다.

β async await

마지막으로 async await에 대해 설명을 하겠다.

이것도 초보자를 울리는 기능 중 하나로 붙이는 방법을 모르면 오류가 생기고 오류가 생기지 않아도 생각한 대로 움직여주지 않는다(다들 코드는 생각한대로가 아니라 쓰여 있는 대로 움직인다고 말한다).

async await를 사용할 때는 먼저 Future를 반환값으로 갖는 함수가 등장한다. 좀 전에 나온 doSomething의 경우는 void, getAge의 경우는 int를 반환했지만 그 부분을 **Future**로 바꾸는 것이다.

그리고 {} 앞에 **async**를 붙인다.

```
Future<String> fetchData() async {
    // 여기에서 뭔가 시간이 걸리는 처리가 수행되는 이미지
}
```

이것을 사용할 때 **await**를 사용한다.

```
final String data = await fetchData();
```

만일 여기에 **await**를 붙이지 않으면 다음과 같이 된다.

```
final Future<String> data = featchData();
```

차이는 await가 붙어 있는 쪽은 **Future가 붙어 있지 않다**. 이처럼 await를 붙이면 **Future형이라는 시간이 걸리는 처리의 형**에서 String이나 int, void와 같은 **일반적인 값을 가리키는 형**으로 바뀐다.

그리고 이 때의 동작은 **await를 붙인 경우는 fetchData의 처리가 완료될 때까지 기다려 준다**. await를 붙이지 않은 경우는 기다려 주지 않고 처리가 끝나지 않아도 그 행을 통과하여 다음으로 넘어간다.

🦩 동기와 비동기

이와 같이 Future의 내용에는 뭔가 시간이 걸리는 처리를 쓰는 경우가 많다(Future의 또 다른 특징으로 오류를 반환할 수 있다는 것이 있다). **이와 같은 시간이 걸리는 처리를 '비동기적 처리'라고 한다.**

반대로 Future가 아닌 함수의 처리는 순식간에 끝나는 것을 전제로 한다. 이를 동기적 처리라고 한다.

그림 4.19 동기적 커뮤니케이션

동기와 비동기의 차이를 일상의 예를 들어보자면 전화와 LINE과 같은 채팅 앱의 차이라고 할 수 있다. 전화나 대면의 대화는 그 자리에서 바로 응답이 되돌아오는 것을 전제하므로 동기적인 처리라고 할 수 있다.

그림 4.20 비동기적 커뮤니케이션

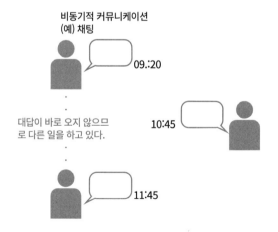

한편 LINE과 같은 채팅 앱은 대답이 바로 온다고 할 수 없다. 나중에 대답할 수도 있다. 메시지를 보내도 바로 대답이 돌아오지 않는 것이 비동기이다. 실제 앱에서는 '데이터베이스를 검색하여 정보를 취득한다' 등은 '순식간에 끝나지 않는 처리'가 된다.

동기와 비동기라는 용어를 기억할 필요는 없지만 이 개념을 이해하면 async await 함수를 사용할 때 이해가 빨리 될 것이다.

이 장에서는 Dart 프로그래밍의 기초에 대해 배웠다. 제3장에서 직접 앱 개발을 해 봤지만 이 장의 지식을 몸에 익히면 다른 사람의 코드에 무엇이 쓰여 있는지를 알 수 있고 사양이 복잡한 앱도 만들 수 있게 된다. 제5장에서는 지금까지 배운 것을 응용하여 간단한 가위바위보 앱을 만들어 볼 것이다.

4

제 **5** 장

[실습] 가위바위보 앱을 만들자

이 장에서는 지금까지 배운 것을 총동원하여 가위바위
보 앱을 만들어 보자. 지금까지 배운 Widget의 기본과
Dart의 기본을 알면 앱 개발을 효율적으로 진행할 수 있
을 것이다.
지금까지 나오지 않았던 새로운 내용도 나오고 있으므
로 힘내서 꼭 마지막까지 가보도록 하자.

5.1 프로젝트 작성

여기서는 Android Studio의 Flutter 프로젝트 작성 방법을 설명하겠다. 물론 Visual Studio Code를 사용해도 상관없다.

먼저 'New Flutter Project'를 선택한다.

그림 5.1 'New Flutter Project' 버튼을 누른다.

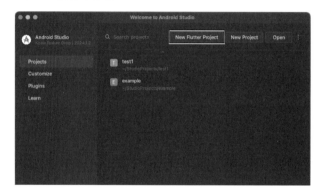

그 다음 'Flutter SDK path'를 확인하고 'Next' 버튼을 누른다.

그림 5.2 'Next' 버튼을 누른다.

그리고 프로젝트명과 기타 설정을 입력하고 'Create' 버튼을 누른다. 이 부분은 환경 구축 시에 한 번 했던 부분이다(2.2 'macOS 환경 구축' 참조).

그림 5.3 'Create' 버튼을 누른다.

프로젝트를 작성하면 기본 카운터 앱이 표시된다.

그림 5.4 기본 카운터 앱

5.2 시뮬레이터에서 동작 확인하기

Android 에뮬레이터도 상관없지만 기본적으로 필자는 iOS 시뮬레이터로 진행해 가겠다.

일단 먼저 빌드하여 핫 리로드로 화면을 갱신하면서 진행하면 코드의 변화를 실감하면서 진행할 수 있다. 빌드 방법을 잊어버린 사람은 2.2 'macOS 환경 구축' 부분을 복습하기 바란다.

5.3 앱 이미지

지금부터 만들 앱은 사용자가 가위, 바위, 보 중 하나를 선택하면 컴퓨터도 무작위로 하나를 선택하여 승패를 결정하는 간단한 앱이다.

먼저 기본 카운터 앱의 Column 안에서 Text를 2개 바꾸어 다음과 같이 만든다. Column 안만 변경한다. 그 외의 부분의 코드는 일부러 표시하지 않으므로 주의하기 바란다.

```
body: Center(
  child: Column(
    mainAxisAlignment: MainAxisAlignment.center,
    children: <Widget>[
      Text(
        '상대',
        style: TextStyle(fontSize: 30),
      ),
      Text(
        '✌',
        style: TextStyle(fontSize: 100),
      ),
      SizedBox(
        height: 80,
      ),
      Text(
        '나',
```

```
          style: TextStyle(fontSize: 30),
      ),
      Text(
        '✊',
        style: TextStyle(fontSize: 200),
      ),
    ],
  ),
),
),
```

이 코드를 실행하면 그림 5.5와 같이 상대가 가위, 내가 바위를 낸 상태가 된다.

그림 5.5 상대가 가위, 내가 바위를 낸 상태

이것을 베이스로 구체적인 코드 로직을 장착하면서 최종적으로는 가위바위보 앱을 만들어 가보자[1].

---

[1] 코드를 쓰는 동안 계속 'const를 넣으라는 노란 물결선'이 나와서 불안할지도 모르지만 그때그때 수정하여 최종적으로 움직이게 하면 되므로 괜찮다.

5.4 gawibawiboText를 바꾸기

기본 _incrementCounter를 변형하여 가위바위보의 손을 변경하는 함수인 _choose
GawibawiboText를 만들어 보자.

그리고 int _counter = 0;을 Sring gawibawiboText = '';로 바꾼다.

한 번에 3군데를 변경해야 하므로 주의하며 따라오기 바란다.

5.4.1 함수의 사용

_chooseGawibawiboText 함수를 사용하여 gawibawiboText를 바위에서 보로 변경한다.

```
String gawibawiboText = '✊';

void _chooseGawibawiboText() {
  setState(() {
    gawibawiboText = '✋';
});
```

5.4.2 텍스트 변경

'나' 밑에 나오는 텍스트를 gawibawiboText로 변경한다.

```
Text(
  '나',
  style: TextStyle(fontSize: 30),
),
Text(
  gawibawiboText,
  style: TextStyle(fontSize: 200),
),
```

5.4.3 FloatingActionButton

FloatingActionButton에서 _chooseGawibawiboText를 호출한다.

```
floatingActionButton: FloatingActionButton(
  onPressed: _chooseGawibawiboText,
  child: const Icon(Icons.add),
),
```

버튼을 누르면 이제 🤜이 🖐로 바뀐다.

그림 5.6 Before

그림 5.7 After

5.5 가위바위보 버튼 설치

다음은 가위바위보 버튼을 설치하여 자신의 손으로 버튼을 선택하여 바뀌도록 해보자.

먼저 FloatingActionButton을 Row로 묶고 그 안에 FloatingActionButton을 3개 넣는 형태로 만든다. 기존의 FloatingActionButton을 커맨드 하나로 Row로 묶으려면 ⌈option⌉+ ⌈Enter⌉(macOS, Android Studio) 커맨드 사용한다(3.1.8 'Widget 장착하기'에서 소개했다).

또 중간 중간에 간격을 두기 위해 SizedBox를 넣는다. 좀 전에는 높이를 지정하여 상하 폭을 두었지만 이번에는 폭을 지정하여 좌우를 벌린다. 편리하다.

```
floatingActionButton: Row(
  mainAxisAlignment: MainAxisAlignment.end,
  children: [
    FloatingActionButton(
      onPressed: () {
        setState(() {
        gawibawiboText = '👊';
        });
      },
      child: const Text(
        '👊',
        style: TextStyle(fontSize: 30),
      ),
    ),
    const SizedBox(
      width: 16,
    ),
    FloatingActionButton(
      onPressed: () {
        setState(() {
        gawibawiboText = '✌';
        });
      },
      child: const Text(
        '✌',
        style: TextStyle(fontSize: 30),
      ),
    ),
    const SizedBox(
      width: 16,
    ),
    FloatingActionButton(
      onPressed: () {
```

```
        setState(() {
        gawibawiboText = '✋';
        });
      },
      child: const Text(
        '✋',
        style: TextStyle(fontSize: 30),
      ),
    ),
  ],
),
```

그러면 이제 버튼을 눌러서 가위바위보를 전환할 수 있다.

그림 5.8 바위

그림 5.9 가위

그림 5.10 보

5.6 무작위로 고른다

자신의 손이 선택되어 표시되었으므로 이번에는 상대의 손을 무작위로 표시해 보자.

먼저 다음과 같이 gawibawiboText를 두 줄 써서 각각에 이름을 붙여 자신의 손과 상대의 손을 구분해 둔다.

```
String myGawibawiboText = '✊';
String computerGawibawiboText = '✊';
```

해당 Text 안의 참조도 바꿔보자(setState의 gawibawiboText에도 오류가 나오지만 그 부분은 다음에 수정하겠다).

```
body: Center(
  child: Column( mainAxisAlignment: MainAxisAlignment.center,
    children: <Widget>[
      Text(
        '상대',
        style: TextStyle(fontSize: 30),
      ),
      Text(
        computerGawibawiboText, // 이 부분을 수정
        style: TextStyle(fontSize: 100),
      ),
      SizedBox(
        height: 80,
      ),
      Text(
        '나',
        style: TextStyle(fontSize: 30),
      ),
      Text(
        myGawibawiboText, // 이 부분을 수정
        style: TextStyle(fontSize: 200),
      ),
    ],
  ),
),
```

그리고 컴퓨터의 손을 무작위로 고르는 함수를 만든다. 이 시점에서 _chooseGawibawiboText 는 사용하지 않으므로 지워도 괜찮다.

```dart
List<String> gawibawiboList = ['✌', '✊', '✋'];

void chooseComputerText() {
  final random = Random();
  final randomNumber = random.nextInt(3);
  final hand = gawibawiboList[randomNumber];
  setState(() {
    computerGawibawiboText = hand;
  });
}
```

final randomNumber = random.nextInt(3);는 0, 1, 2 중에서 하나를 무작위로 반환해 준다. 프로그래밍은 기본적으로 0부터 시작하므로 3은 포함되지 않는다는 점에 주의하자.

참고로 Random을 사용할 때는 'dart:math'를 임포트한다.

그림 5.11 'dart:math'를 임포트

그리고 이 chooseComputerText를 모든 버튼을 눌렀을 때 호출하도록 한다.

```dart
FloatingActionButton(
  onPressed: () {
    setState(() {
      myGawibawiboText = '✊';
```

```
    });
    chooseComputerText(); // 여기에 추가
  },
  child: const Text(
    '🖐',
    style: TextStyle(fontSize: 30),
  ),
),
```

그러면 그림 5.12~14와 같이 내가 버튼을 누르면 컴퓨터도 무작위로 손을 내게 된다.

그림 5.12 실행①

그림 5.13 실행②

그림 5.14 실행③

5.7 enum을 사용하자

지금까지의 코드를 enum을 사용한 것으로 리팩터링하여 안전하게 만든 다음 승패 판정 코드를 작성하겠다. 리팩터링이란 코드에 의한 동작은 그대로 두고 아름다운 코드로 변경하는 것을 말한다.

다음과 같은 enum을 파일의 맨 아래에 만든다. enum에 대해서는 나중에 설명하겠다.

```
enum Hand {
  rock,
  scissors,
  paper; // 마지막 항목은 ,가 아니라 ;이므로 주의
}
```

enum은 열거형이라고 하는데 bool형의 진화형과 같은 것이다. bool형은 'true' 또는 'false' 2개의 선택지만 있었지만 이 경우의 Hand라는 형은 rock, scissors, paper라는 3개의 선택지가 생긴다.

이제 좀 전의 gawibawiboList를 enum을 사용하여 바꿔 써 보자.

```
List<Hand> gawibawiboList = [Hand.rock, Hand.scissors, Hand.paper];
```

여기서 enum에 get 변수를 붙여 보자.

```
enum Hand {
  rock,
  scissors,
  paper;

  String get text {
    switch (this) {
      case Hand.rock:
        return '👊';
      case Hand.scissors:
        return '✌';
      case Hand.paper:
        return '🖐';
    }
  }
}
```

205

🦑 <칼럼> get 변수란?

다음 두 코드의 차이는 후자에는 나중에 값을 넣을 수 없다는 점이다.

```
String text = 'a';
```

```
String get text {
  return 'a';
}
```

즉, 다음과 같이 쓰면 전자는 text가 b가 되지만 후자는 오류가 발생한다.

```
text = 'b';
```

🦑 <칼럼> switch문이란?

이번 예에서는 enum에 대해 switch문을 사용했는데 그림 5.15와 같이 String에 사용하거나 int에 사용할 수도 있다[2]. switch문을 사용함으로써 if문보다 더 알기 쉬운 조건 분기를 표현할 수 있다. 특히 하나의 변수에 대해 3개 이상의 조건 분기를 사용할 때 적합하다.

---

[2] Dart3부터는 break를 쓰지 않아도 괜찮다.

그림 5.15 switch문이란?

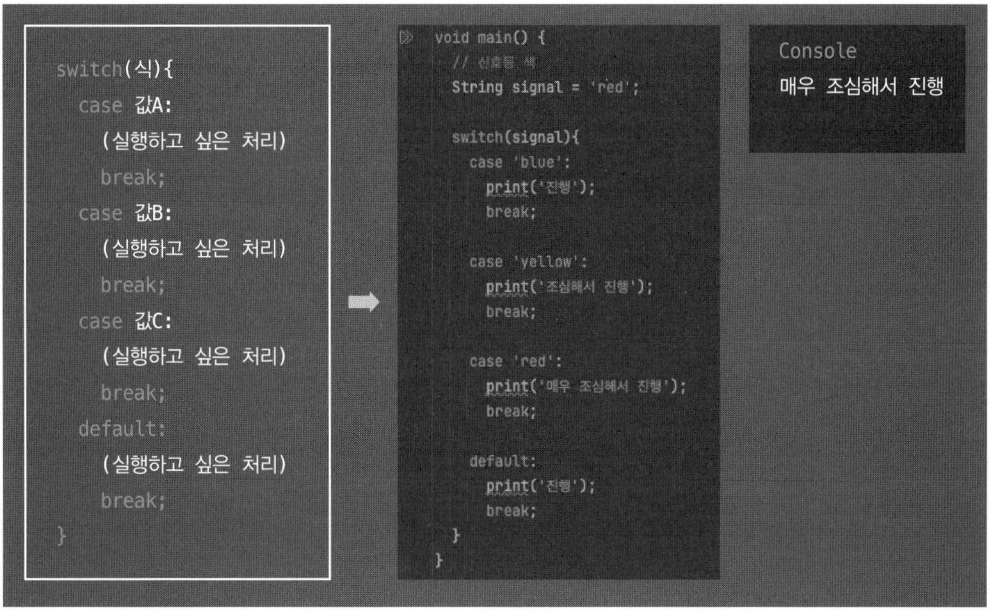

가위바위보 앱으로 돌아가자.

좀 전에 만든 text라는 get 변수를 사용하면 enum 변수를 적절한 String으로 변환할 수 있다.

```
void chooseComputerText() {
  final random = Random();
  final randomNumber = random.nextInt(3);
  final hand = gawibawiboList[randomNumber]; // enum으로 바뀌었다
  setState(() {
    computerGawibawiboText = hand.text; // Hand형을 String으로 변환
  });
}
```

또 gawibawiboList는 이제 필요없으므로 다음과 같이 쓸 수 있다.

```
final hand = Hand.values[randomNumber];
```

enum에는 기본값으로 values라는 프로퍼티가 마련되어 있어서 이를 사용하면 enum의 내용을 배열로 꺼낼 수 있다.

즉, 좀 전까지 있었던 List<Hand>의 gawibawiboList와 완전히 똑같은 것을 꺼낼 수 있다.

또 다른 부분도 다음과 같이 리팩터링할 수 있다.

Before

```
myGawibawiboText = '👊';
```

After

```
myGawibawiboText = Hand.rock.text;
```

코드는 생략하겠지만 가위와 보에 대해서도 똑같이 수정을 하도록 하자.

5.8 승패를 나타내는 enum 만들기

좀 전과 마찬가지로 이겼다, 졌다, 비겼다를 나타내는 enum을 만든다[3].

```
enum Result {
  win,
  lose,
  draw;

  String get text {
    switch (this) {
      case Result.win:
        return '이겼다';
      case Result.lose:
```

---

[3] enum을 사용하는 장소는 어디든 상관없지만 고민이 된다면 파일 맨 아래가 좋다.

```
          return '졌다';
      case Result.draw:
          return '비겼다';
      }
  }
}
```

나중에 이것을 사용하여 승패 판정의 결과를 변수에 넣을 것이다.

일단 이겼다는 문자열을 표시하도록 해 보자.

```
body: Center(
  child: Column(
    mainAxisAlignment: MainAxisAlignment.center,
    children: <Widget>[
      // 기존의 코드는 중략
      // ...

      Text(
        Result.win.text, // 이겼다
        style: TextStyle(fontSize: 30),
      ),
      SizedBox(
        height: 80,
      ),
      Text(
        myHand?.text ?? '?',
        style: TextStyle(fontSize: 200),
      ),
    ],
  ),
),
```

여기서는 일단 가운데에 이겼다라고 표시하도록 하자.

나중에 이 부분을 Result 변수를 사용하여 진짜 승패 결과가 반영되도록 할 것이다.

그림 5.16 '이겼다'라고 표시

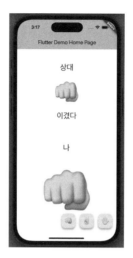

5.9 승패 판정

마지막으로 승패를 판정하는 함수를 만들고 result 변수에 저장, 그것을 Text Widget에 표시하면 완성이다.

먼저 자신이 낸 손과 상대가 낸 손을 String이 아니라 **Hand**형과 비교하고 싶으므로 다음과 같이 바꾼다.

Before

```
String myGawibawiboText = '✌';
String computerGawibawiboText = '✌';
```

After

```
Hand? myHand;
Hand? computerHand;
```

Hand는 기본값이 들어가지 않으므로 nul을 허용하기 위해 ?를 붙인다.

🐛 <칼럼> Null Safety에 대해

'?'를 붙이는 의미를 모르겠다면 4.8 "'!'이나 '?'가 뭐지?'의 Dart 기본에 있는 null safety를 복습하기 바란다. 버튼을 눌렀을 때의 코드도 다음과 같이 리팩터링한다[4].

🥕 Before

```
myGawibawiboText = Hand.rock.text;
```

🥕 After

```
myHand = Hand.rock;
```

computerHand와 관련된 부분도 마찬가지로 리팩터링한다[5].

```
void chooseComputerText() {
  final random = Random();
  final randomNumber = random.nextInt(3);
  final hand = gawibawiboList[randomNumber];
  setState(() {
    computerHand = hand; // 여기를 변경했다
  });
}
```

그리고 좀 전에 만든 Result형을 사용한 승패를 저장하는 변수를 computerHand 변수 아래 부근에 만들어 둔다.

---

[4] 변경할 코드가 어디인지 모를 경우는 [command] + [F] (macOS, Android Studio) 커맨드로 검색하면 된다.

[5] 리팩터링 도중에 오류가 나오는 곳이 있을지도 모르지만 전체를 다 수정한 후에 고쳐가도록 하자.

```
Result? result;
```

그 다음 Result.win.text,를 다음과 같이 수정한다. result가 null이면 ?를 표시하는 코드이다. 이로써 빌드 직후에는 '?'가 표시될 것이다.

```
Text(
  result?.text ?? '?',
  style: TextStyle(fontSize: 30),
),
```

오류가 나오는 부분은 완성된 코드를 참고로 수정하기 바란다.

🦑 <칼럼> '??'을 쓰는 방법

```
Text(
  result?.text ?? '?',
),
```

이것은 ??의 왼쪽이 null인 경우 오른쪽의 값을 넣는 코드이다. result 변수를 null 허용으로 하고 있기 때문에 아무 승패가 나지 않을 때는 null이 될 것이다. 이때 Text에 ?가 표시되도록 하는 것이다.
null 허용 변수를 사용할 때는 용도가 많으므로 알아두도록 하자.

여기까지 됐으면 마지막으로 승패 판정 함수를 만든다(chooseComputerText 아래 부근에 만들면 좋을 것이다).

```
void decideResult() {
  // 여기에서 myHand와 comupterHand를 비교하고 결과를 result 변수에 저장하는 setState
}
```

computerText가 선택되었으면 그 다음에 승패 판정 함수를 호출하도록 한다.

```
void chooseComputerText() {
  final random = Random();
  final randomNumber = random.nextInt(3);
  final hand = Hand.values[randomNumber];
  setState(() {
    computerHand = hand;
  });
+ decideResult();
}
```

decideResult 함수의 내용은 다음과 같다. 잠시 코드를 직접 생각한 다음에 살펴보도록 하자.

```
void decideResult() {
  if (myHand == null || computerHand == null) {
    return;
  }
  final Result result;

  if (myHand == computerHand) {
    result = Result.draw;
  } else if (myHand == Hand.rock && computerHand == Hand.scissors) {
    result = Result.win;
  } else if (myHand == Hand.scissors && computerHand == Hand.paper) {
    result = Result.win;
  } else if (myHand == Hand.paper && computerHand == Hand.rock) {
    result = Result.win;
  } else {
    result = Result.lose;
  } setState(() {
    this.result = result;
  });
}
```

이상으로 이 장은 끝이다! 그림 5.17~20과 같이 가위바위보가 제대로 움직이면 완성된 것이다!

그림 5.17 기본   그림 5.18 비겼다   그림 5.19 졌다   그림 5.20 이겼다

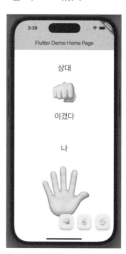

5.10 코드 전체 이미지

전체 샘플 코드는 다음과 같다. 여기까지 이 책을 잘 따라왔다면 만들 수 있을 것이므로 가능한 한 직접 생각한 다음에 아무리 해도 모르는 부분은 샘플 코드를 보고 확인해 보자.

```dart
import 'dart:math';
import 'package:flutter/material.dart';

void main() {
  runApp(const MyApp());
}

class MyApp extends StatelessWidget {
  const MyApp({super.key});
  // This widget is the root of your application.

  @override
  Widget build(BuildContext context) {
    return MaterialApp(
```

```dart
      title: 'Flutter Demo',
      theme: ThemeData(
        colorScheme: ColorScheme.fromSeed(seedColor: Colors.deepPurple),
        useMaterial3: true,
      ),
      home: const MyHomePage(title: 'Flutter Demo Home Page'),
    );
  }
}

class MyHomePage extends StatefulWidget {
  const MyHomePage({super.key, required this.title});

  final String title;

  @override
  State<MyHomePage> createState() => _MyHomePageState();
}

class _MyHomePageState extends State<MyHomePage> {
  Hand? myHand;
  Hand? computerHand;
  Result? result;

  void chooseComputerText() {
    final random = Random();
    final randomNumber = random.nextInt(3);
    final hand = Hand.values[randomNumber];
    setState(() {
      computerHand = hand;
    });
    decideResult();
  }

  void decideResult() {
    if (myHand == null || computerHand == null) {
```

```
    return;
  }
  final Result result;

  if (myHand == computerHand) {
    result = Result.draw;
  } else if (myHand == Hand.rock && computerHand == Hand.scissors) {
    result = Result.win;
  } else if (myHand == Hand.scissors && computerHand == Hand.paper) {
    result = Result.win;
  } else if (myHand == Hand.paper && computerHand == Hand.rock) {
    result = Result.win;
  } else {
    result = Result.lose;
  } setState(() {
    this.result = result;
  });
}

@override
Widget build(BuildContext context) {
  return Scaffold(
    appBar: AppBar(
      backgroundColor: Theme.of(context).colorScheme.inversePrimary,
      title: Text(widget.title),
    ),
    body: Center(
      child: Column(
        mainAxisAlignment: MainAxisAlignment.center,
        children: <Widget>[
          const Text(
            '상대',
            style: TextStyle(fontSize: 30),
          ),
          Text(
            computerHand?.text ?? '?',
            style: const TextStyle(fontSize: 100),
```

```dart
          ),
          const SizedBox(
            height: 80,
          ),
          Text(
            result?.text ?? '?',
            style: const TextStyle(fontSize: 30),
          ),
          const SizedBox(
            height: 80,
          ),
          Text(
            myHand?.text ?? '?',
            style: const TextStyle(fontSize: 200),
          ),
        ],
      ),
    ),
  ),
  floatingActionButton: Row(
    mainAxisAlignment: MainAxisAlignment.end,
    children: [
      FloatingActionButton(
        onPressed: () {
          setState(() {
            myHand = Hand.rock;
          });
          chooseComputerText();
        },
        child: const Text(
          '✊',
          style: TextStyle(fontSize: 30),
        ),
      ),
      const SizedBox(
        width: 16,
      ),
      FloatingActionButton(
```

```
                    onPressed: () {
                      setState(() {
                        myHand = Hand.scissors;
                      });
                      chooseComputerText();
                    },
                    child: const Text(
                      '✌',
                      style: TextStyle(fontSize: 30),
                    ),
                  ),
                  const SizedBox(
                    width: 16,
                  ),
                  FloatingActionButton(
                    onPressed: () {
                      setState(() {
                        myHand = Hand.paper;
                      });
                      chooseComputerText();
                    },
                    child: const Text(
                      '✋',
                      style: TextStyle(fontSize: 30),
                    ),
                  ),
                ],
              ),
          );
        }
      }

      enum Hand {
        rock,
        scissors,
        paper;
```

```
String get text {
  switch (this) {
    case Hand.rock:
      return '👊';
    case Hand.scissors:
      return '✌';
    case Hand.paper:
      return '✋';
  }
}
}

enum Result {
  win,
  lose,
  draw;

  String get text {
    switch (this) {
      case Result.win:
        return '이겼다';
      case Result.lose:
        return '졌다';
      case Result.draw:
        return '비겼다';
    }
  }
}
```

이상으로 이 책의 학습은 끝났다. 마지막으로 가위바위보 앱을 훑어보고 Flutter의 UI 구축의 기본과 Dart의 기본을 실제로 다룰 수 있었으리라 생각된다.

더 공부해 보고 싶은 사람은 유튜브 채널 'Flutter 대학'을 통해 Firebase 데이터베이스를 사용한 앱, 요즘 유행하는 ChatGPT의 API를 사용한 앱 등 통신을 수반한 보다 실용적인 Flutter 앱 개발을 배워보기 바란다!

앞으로도 같이 열심히 레벨업하여 세상에 좋은 앱을 많이 만들어 가도록 하자!

끝내며

이 책을 출간할 기회를 얻게 된 것은 'Flutter 대학'이라는 커뮤니티 덕분이다.

집필은 기본적으로 'Flutter 대학'에서 매일 아침에 하고 있는 '조기 묵묵회'에서 주로 했다. 그 중에서도 거의 매일 같이 묵묵히 작업을 해 준 동구리 씨, giei 씨에게 많은 격려를 받았다.

어느 정도 집필이 끝난 후에는 앞에서 말한 '조기 묵묵회' 멤버인 동구리 씨, giei 씨를 비롯하여 'Flutter 대학'의 에이스 엔지니어 중 한 명인 스사 씨에게도 리뷰를 받았다. 여러 사람에게 피드백을 받은 덕분에 이 책을 잘 다듬고 마무리할 수 있었다.

그리고 'Flutter 대학'이라는 서비스가 있었기에 이 커뮤니티의 대단함을 더 많은 사람에게 전달하고 싶다는 마음이 생겨 필자도 더 의욕적으로 매일 집필에 임할 수 있었다.

이런 기회를 준 모두에게 감사의 말을 전하고 싶다!

이 책을 계기로 보다 많이 사람이 Flutter를 사용하여 앱 개발을 하는 재미와 의외로 간단하다는 것을 깨닫게 된다면 더 바랄 것이 없겠다!

kboy(후지카와 케이)

찾아보기